# Immer wieder schwarze Löcher

Johanna Sameit

# Immer wieder schwarze Löcher

Wege zwischen Wunsch und Wirklichkeit

Überarbeitete Neuauflage
1. Auflage Mai 2006

*Bibliographische Information der Deutschen Bibliothek:
Die Deutsche Bibliothek verzeichnet diese Publikation in
der Deutschen Nationalbibliothek; detaillierte bibliographische Daten Sind im Internet über http://dnb.ddb.de
abrufbar.*

Januar 2013

Copyright ©  2013  Johanna Mahmutovic  – Alle Rechte vorbehalten

**Herstellung und Verlag:** BoD - Books on Demand, Norderstedt

**Umschlag und Buchgestaltung:**  Johanna Mahmutovic/Sameit
E-Mail: johanna-sameit@t-online.de

**ISBN: 978-3-8482-5991-5**

MIX
Papier aus verantwortungsvollen Quellen
Paper from responsible sources
FSC® C105338
FSC
www.fsc.org

# Inhaltsverzeichnis

# Einführung

Was ist Wirklichkeit?

Eigentlich ist das Leben ganz einfach. Wir müssen nur die Spannung zwischen Wunsch und Wirklichkeit ertragen. Aber was ist Wirklichkeit?

Wer gibt mir eine Antwort? Ist Wirklichkeit der Hass zwischen den Menschen, die sich gegenseitig morden und abschlachten, oder der tägliche Kampf um Macht und Ansehen? Ist es die bedrohte Umwelt, verseuchte Flüsse, aussterbende Tiere und Pflanzen?

Oder ist Wirklichkeit ausschließlich meine Welt, mein Blickfeld, das winzig kleine Stückchen Erde, auf dem ich persönlich mich bewege und atme? Sind die Menschen um mich herum wirklich so, wie ich sie sehe, oder ist alles nur ein Gebilde meiner Fantasie und Sichtweise?

Die andere Seite meiner Vorstellungen, den Bereich außerhalb meines Blickfeldes, zu erforschen und etwas davon zu verstehen, ist ohne Zweifel eine Lebensaufgabe.

Wie sehr man sich verfangen kann in einer einseitigen Sichtweise, zeigt eine kleine Geschichte in einem alten Übungsheft für englische Übersetzungen aus dem Jahre 1958. Sie wurde für mich ein stiller, ständig mahnender Wegbegleiter.

Die Geschichte spricht für sich und ist ein kleiner Baustein für die ständige Suche nach dem richtigen Umgang mit unseren persönlichen Wahrnehmungen und Vorstellungen einerseits und der Wirklichkeit andererseits.

*„Beide Seiten einer Frage"*

In den Zeiten des Rittertums und Heidentums beschloss ein britischer Prinz, eine Statue für die Siegesgöttin an einer Straßenkreuzung zu errichten. In der rechten Hand hielt die Göttin einen Speer, während sie mit der linken Hand auf einem Schild lehnte, das auf der äußeren Seite mit Gold bedeckt war und auf der inneren Seite mit Silber. Auf diesem Schild waren zwei Inschriften zu lesen.

Auf der goldenen Seite stand ein Text in *silberner Schrift* und auf der silbernen Seite ein Text in *goldener Schrift*.

Eines Tages kamen zwei Ritter aus verschiedenen Richtungen und hielten vor der Statue. Einer der Ritter trug eine schwarze Rüstung, der andere eine weiße. Beide schauten auf die schöne Statue und lasen die Inschrift auf dem Schild.

Plötzlich rief einer der Ritter: „Ich habe niemals ein so schönes Schild gesehen, bedeckt mit Gold und beschrieben mit Silber". Aber der andere antwortete: „Nur die Schrift ist golden, das Schild bedeckt mit Silber".

Weil jeder von ihnen nur eine Seite sah, konnten sie sich nicht einigen und stritten mehr und mehr, bis einer von ihnen zum Duell herausforderte. Beide waren schwer verletzt und lagen auf dem Boden.

Nach einer Weile kam ein Druide, ein keltischer Priester und Heilkundiger, des Weges. Er versorgte die Wunden und fragte nach dem Grund des Duells. Nachdem die beiden Ritter den Grund ihres Streits erzählt hatten, sagte der Druide, dass sie beide Recht und Unrecht hätten. Er zeigte ihnen das Schild und ermahnte sie, nicht zu streiten, sondern zunächst beide Seiten einer Sache zu betrachten. Streit erübrigt sich dann in der Regel.

Streit, Unzufriedenheit und auch unnötige Sorgen entstehen aus zu kurzen, einseitigen und engstirnigen Betrachtungen der Dinge, die unser Leben bestimmen. Eingebettet in die vielen Ordnungssysteme von Familie, Schule, Beruf und Freizeit können wir die Einflüsse von außen oft nicht richtig beurteilen oder rechtzeitig abwenden. Wir lassen uns zu sehr von außen bestimmen und beeinflussen und hören nicht früh genug auf unsere innere Stimme.

Für unsere persönliche Einstellung zu allen Aufgaben und Problemen sind wir aber allein verantwortlich. Wir können entscheiden, ob wir weinen oder lachen, streiten oder schweigen, davon laufen oder mutig stehen bleiben. Die Kraft kommt immer aus uns selbst. Diese Kraft zu finden, zu stärken und zu pflegen ist eine lohnenswerte Aufgabe, ein Leben lang.

# 1. Du und dein Ich

„Merkwürdig, dass man mir nicht sagte,
dass das Hirn in einer winzigen elfen-
beinernen Zelle Gottes Himmel und
die Hölle enthalten kann."
(Oscar Wilde)

Es ist ein sonniger, angenehmer Frühlingsmorgen, die Vögel zwitschern munter, und die Sonne scheint durch das weit geöffnete Fenster in deine Wohnung.

Doch auch der strahlendste Sonnenschein kann deine Stimmung nicht heben, sie ist am Nullpunkt angekommen. Du hast schlecht geschlafen und haderst mit dir und deiner Umwelt. Zornig schaust du den Typ im Spiegel an und sagst:

„Feigling, warum hast du gestern geschwiegen, als der Franz vollkommen zu Unrecht vom Abteilungsleiter beschimpft und beleidigt wurde. Mit einer Abmahnung wurde ihm gedroht, obwohl nicht er allein das Projekt zum Scheitern gebracht hat. Wir waren zu dritt, aber zwei haben geschwiegen, aus Angst und fehlender Zivilcourage."

Jetzt läufst du in deiner Wohnung herum wie ein Häufchen Elend, mit einem unangenehmen Gefühl in der Magengegend und einem schlechten Gewissen. Du musst zur Arbeit, dem Franz in die Augen schauen und mit ihm zusammen das Projekt neu beginnen.

So wie dir geht es Tag für Tag vielen Menschen, ganz gleich aus welchen Lebensbereichen und Gesellschaftsschichten sie kommen. Angst, Schuldgefühle und Unsicherheit sind wie scharfe Krallen, die nur schwer abzuwehren sind.

Der Schüler hat Angst in die Klasse zu gehen, weil er von seinen Mitschülern traktiert wird. Der andere hat Angst vor dem Lehrer, weil er seine Matheaufgaben nicht gemacht hat.

Der Rechtsanwalt hat schon am frühen Morgen Magenschmerzen, wenn er an die bevorstehende Gerichtsverhandlung denkt.

Die Putzfrau bekommt vor Arbeitsbeginn einen Migräneanfall, weil die Hausherrin nur meckert und nörgelt. Nichts ist ihr gut genug.

Der Vertriebsleiter fährt auf dem Weg zur Besprechung zunächst an der Tankstelle vorbei, ein Fläschchen Cognac holen. „Das brauche ich erst" sagt er sich, „sonst kann ich den Stress nicht ertragen."

Ein breites Feld für das Gedeihen von Angst, Enttäuschung und ständiger Sorge sind viele Partnerschaften und Familien. Die Verantwortung für die Kindererziehung und für die Versorgung von kranken oder älteren Familienmitgliedern erfordert viel Einfühlungsvermögen und ständige Fürsorge, womit viele Menschen auf Dauer überfordert sind.

Schau, dies sind nur wenige Beispiele aus dem täglichen Leben für das Gedeihen von Angst, Depressionen und Unzufriedenheit.

Du bist erzürnt über dein eigenes Fehlverhalten, suchst aber die Schuld dafür in deiner Umgebung. Doch das ist gefährlich und nicht zuträglich für die Förderung deines Selbstwertgefühls und für die Harmonie von Körper, Geist und Seele.

Du fragst nun, welchen Weg du wählen musst, um diese Harmonie zu erreichen und zu erhalten.

Betrachte dich einmal von drei verschiedenen Seiten: wie du bist – wie du sein möchtest – wie dich die Umwelt sieht, deine Familie, Freunde, Bekannte und Arbeitskollegen. Diese vielen Menschen um dich herum können dich ja nur aus ihrer eigenen Sichtweise wahrnehmen und dementsprechend bestimmte Erwartungen an dein Verhalten und deine Reaktionen stellen.

Kannst du diesen Erwartungen gerecht werden?

Du bist, was dir bei deiner Geburt mitgegeben wurde, ein Mensch, mit Erbanlagen deiner Eltern, Großeltern und weiterer Vorfahren ausgestattet, eingebettet in eine Umwelt, die geprägt ist durch den gesellschaftlichen Stand und die Gesamtsituation deiner Familie. Entweder wohlbehütet und versorgt, oder auf dich selbst gestellt mit hartem Kampf um dein eigenes Überleben. Der Spielraum zwischen diesen beiden Varianten ist sehr groß und vielseitig. Nur mit Neugier und Beobachtung kannst du die vielen Wege durch den Urwald der Gefühle im menschlichen Miteinander erkennen und verstehen.

Irgendwann fällst du als Wassertropfen auf die Welt. Es gibt keinen Zufall. Bereits bei deiner Geburt wird entschieden, oder es wurde bereits vor deiner Geburt geplant, ob du in eine kleine dreckige Pfütze fällst oder in ein goldenes Wasserbecken. Dein Zeitfaktor und der Weg, den du zu gehen hast, werden so von Beginn deines Lebens an bestimmt. Du schwimmst hinaus aus der Pfütze oder dem Becken und beginnst deine Reise durch deine Lebenszeit.

Deine Seele ist noch vollkommen rein und unbefleckt und dein Geist frei von Vorurteilen und Fehlprogrammierungen aus dem Umfeld.

Doch auf dieser Reise wirst du viel erleben. Mal ist das Wasser friedlich und still, die leichten Wellenbewegungen beruhigen und entspannen. Doch plötzlich kommst du in einen schäumenden Wasserfall und wirst von einem gefährlichen Strudel in die Tiefe gezogen. So manches Mal gibt es Situationen, die du kaum verstehst und dich nur wunderst, dass du alles unbeschadet überstanden hast.

12

Eines Tages hinterfragst du dein Dasein. Du merkst, dass nichts so ist, wie du es dir vorgestellt oder erträumt hast. Erstaunt stellst du fest, dass die Menschen, die um dich sind oder die du täglich in Schule und Beruf begegnest, nicht so sind wie du es erwartet hast. Du erkennst: „eigentlich bin ich ja allein auf der Welt, wenn ich mir nicht selbst helfe, hilft mir niemand." Vielleicht fragst du sogar – wie ich es vor vielen, vielen Jahren getan habe: „bin ich verrückt oder die anderen."

Du wolltest vielleicht hinaus in die weite Welt, etwas erreichen und bewirken, doch dein Weg endete im Nachbardorf. Du bist bereits ein Jahr arbeitslos, siehst deine Kinder in Not und hast eine kranke Frau zu versorgen.

Deine Schwester wollte zu Hause bleiben in der ländlichen Gegend, eingebettet in die bekannte Dorfgemeinschaft, eine eigene Familie gründen, ein schmuckes Häuschen bewohnen und fröhliche Kinder erziehen.

Sie verliebte sich aber in einen jungen Mann aus der Großstadt, 500 km entfernt von ihrem Heimatdorf. Sie ging fort, heiratete den jungen Mann und lebte in einer Wohnung im Hochhaus, ohne Bezug zur Natur, ohne Blumen vor der Haustür, bunte Wiesen und grüne Wälder. Die erste große Liebe verblasste bald, es gab Streitereien, eine Scheidung. Für die junge Frau begann ein ruheloses Leben und eine ungewisse Zukunft.

Unzähligen Menschen widerfährt ein ähnliches Schicksal. Wenn sie erkennen, dass ihr SELBST, das eigene ICH und die Träume nicht in Einklang zu bringen sind, verzweifeln sie. Wenn auch noch die äußeren Einflüsse in Zwietracht zu den eigenen Vorstellungen stehen, fallen diese Menschen in ein tiefes schwarzes Loch, das sich als Abgrund zwischen den drei Bereichen ICH - Vorstellungen - Umwelt auftut.

Aus diesem schwarzen Loch hinaus zu klettern oder erst gar nicht hinein zu fallen, ist eine große Herausforderung und wahre Lebensaufgabe. Nicht was du erträgst, sondern wie du es erträgst, darauf alleine kommt es an. Die Natur schenkt dir keine Tugend und Erkenntnis. Du versuchst dein Leben lang sie zu erlangen, ohne jemals sicher zu sein, dass du dein Ziel auch erreichst. Ein wirksames Mittel, den eigenen Weg zu gehen, ist die Selbstdisziplin, die auf einer strengen, täglichen Gewissenserforschung beruht.

Du darfst aber nicht zu streng mit dir umgehen und zu verkrampft Selbstdisziplin üben, sondern musst dich einfach selbst betrachten, quasi von außen her, aus einer gewissen Entfernung zu dir selbst. Vielleicht hilft dir hierbei eine kleine Geschichte, die auch mich zum Nachdenken angeregt hat. Im November 2004 sah ich auf 3Sat zufällig den Rest einer interessanten Sendung: „Kopf aus Glas, Gehirnforschung und Ich-Bestimmung."

Der Gehirnforscher schilderte die Schwierigkeit, das eigene ICH zu fassen, zu verstehen und richtig damit umzugehen. Er sagte etwas Wichtiges, aber für jedermann Verständliches, das ich dir nicht vorenthalten möchte: „Unser ICH ist ein Knäuel aus tausend bunten Fäden von Gedanken, Emotionen, Ideen, Enttäuschungen, Gefühlen und Vorstellungen. Dieses Knäuel können wir nicht auflösen. Es verwickelt sich unaufhaltsam ineinander und rollt ständig vor uns her, ohne dass wir es fassen können."

Du hast sicher auch schon gefragt: „Was bin ich eigentlich, wohin geht mein Weg? Was ist meine Aufgabe in diesem Leben?" Ganz gleich, welche Fragen dich beschäftigen, das Knäuel rollt einfach weiter, und hin und wieder stößt es an eine Sache, die erst damit zum Leben erweckt wird und dir einen neuen Blickwinkel frei gibt, um die Fäden etwas zu ordnen.

Auch wenn sich vor dir immer wieder schwarze Löcher auftun, wirst du doch nicht einfach kapitulieren. Mit jeder Resignation wird die Suche nach einem Sinn in der ganzen Unsinnigkeit in diesem Leben für dich nur komplizierter. Das musst du dir doch nicht antun. Versuche also, nur noch gute Gedanken zu pflegen und zu fördern.

Es wird dir auch helfen, die positive Seite zu sehen, wenn du klar erkennst, dass deine Lebensqualität darunter leidet, wenn du die grauenhaften Krallen der Depression an dich heran lässt. Du bewegst dich ständig wie eine Messerschneide oder als Seiltänzer, nur ein winzig kleiner Schritt oder ein trübsinniger Gedanke entscheidet, in welche Richtung du fällst, himmelhoch jauchzend oder zu Tode betrübt.

Deine Gesundheit kommt zu einem sehr großen Teil von innen, von der Kraft, die in dir steckt, die aber immer wieder mit allem möglichen und unmöglichen Müll verschüttet wird. Angst, Enttäuschung, Lustlosigkeit und vieles mehr sind Gift für deine Seele. Wenn du traurig bist, fühlst du Schmerzen. Wenn du frohen Mutes vorwärts schaust, geht es dir gut. Das Leben fördern ist der Sinn aller Gefühle und die Stufen zum Licht. Diese Treppe führt dich immer wieder hinaus aus den schwarzen Löchern und stärkt dein Selbstvertrauen. Nur wer fällt, kann aufstehen und seine Kraft erproben.

Arbeite täglich daran, deine innere Harmonie zu erhalten und zu nähren. Bei allem, was du anstrebst, achte darauf, dass dein eigenes Gewissen die Richtschnur deines Handelns ist und nicht die öffentliche Meinung. Meide es, wie das Herdenvieh hinter den Vorhergehenden herzulaufen. Die geraden und am meisten begangenen Wege führen nicht zu deinem eigenen Glück, sondern nur zu oft in die Irre.

Du kannst gewiss sein, es steht um die Menschheit nicht so gut, dass der Mehrheit das Bessere gefiele. Ein großer Beifall der Masse beweist oft, dass etwas sehr schlecht ist. Die gesellschaftlichen Zusammenhänge und Wirkungsweisen sind leider selten so einfach, wie es sich die meisten Menschen vorstellen.

Diese Vorstellungen sind nicht selten geprägt von einer großen Gleichgültigkeit und fehlendem Interesse an den komplizierten Zusammenhängen des menschlichen Miteinanders.

Wäge deine Vorhaben darum kritisch ab, und beurteile nicht nach Werten, die nur außen glänzen, sondern danach, dass deine innere Harmonie gefestigt wird und du dir selbst ein guter Freund sein kannst.

# 2. Sei niemals enttäuscht

Fordere viel von dir selbst und
erwarte weniger von anderen!
So wird dir Ärger erspart bleiben.
(Konfuzius / VII,117)

Dein Freund hat dir versprochen, bei dem geplanten Umzug behilflich zu sein, doch er fährt einen Tag vor dem Umzugstermin mit seiner Freundin in den Urlaub.
Von deiner Bank wurde dir ein Kredit in Aussicht gestellt, es kommt aber eine schriftliche Absage.
Dein Chef deutete dir eine Beförderung an. Vier Wochen später bekommt dein Kollege den Job.
Deine Werkstatt hat dir einen gut erhaltenen Gebrauchtwagen verkauft, scheinbar ohne Mängel. Einen Monat später verlierst du auf der Autobahn den Auspuff.
Dies sind nur einige Beispiele an schlechten Erfahrungen, die du im letzten Jahr zu verarbeiten hattest. Und jetzt sage ich dir: „Sei niemals enttäuscht". Wie lassen sich deine negativen Erfahrungen und meine Aussage miteinander vereinbaren?
Die Wahrheit ist erst einmal, du wurdest von verschiedenen Menschen getäuscht. Dein Vertrauen wurde missbraucht, deine Vorstellungen und deine Wünsche stimmten nicht mit den Tatsachen überein.
Jetzt bist du tief gekränkt und betreibst Ursachenforschung. Die Schuld findest du schnell bei den anderen. Dein Freund war unzuverlässig, der Bankangestellte leichtfertig mit seinen Aussagen, der Chef inkonsequent und der Werkstattmeister ein Betrüger.
Bemühe dich jetzt einmal, die Vorkommnisse von der anderen Seite zu betrachten. Liegt nicht vielleicht die Ur-

sache deiner Enttäuschungen in deinem eigenen Wesen, in deiner Gutgläubigkeit und deiner falschen gedanklichen Haltung zu den Menschen?

Du erwartest ständig etwas von den anderen, was forderst du von dir selbst? Wie steht es mit deinem Selbstvertrauen und einer klaren Übereinstimmung von Denken und Handeln?

Du hast gedacht, du bekommst den Kredit, bist aber gutgläubig nach Hause gegangen, ohne vorher darauf zu dringen, dass die Zusage verbindlich ist und du eine entsprechende schriftliche Bestätigung bekommst.

Du hast ein gebrauchtes Auto gekauft, ohne eine schriftliche Gebrauchtwagengarantie zu verlangen.

Auf der Party hast du mit deinem Freund über den Umzug gesprochen. „Natürlich helfe ich dir," war seine Antwort. Du hast es aber versäumt, konkrete Termine zu vereinbaren.

Alles hat zwei Seiten. Wir müssen nur hin und wieder die Münze umdrehen und die andere Seite betrachten. Wenn du selbstbewusst und voll Selbstvertrauen mit den Menschen umgehst und deine Vorstellungen klar und deutlich zum Ausdruck bringst, wirst du nie enttäuscht sein oder getäuscht werden. Wichtig ist allerdings, du bleibst immer auf dem Boden der Realität und des Machbaren.

Diese offene und gradlinige Grundeinstellung schützt dich auch vor Beleidigungen. Genau genommen kann dich niemand beleidigen. Die Menschen, die besser sind als du, werden dich nicht beleidigen, und die anderen können dich nicht beleidigen. Ihre Äußerungen finden bei dir keinen Nährboden.

Ein durchaus sensibler Bereich ist die tiefe Enttäuschung aufgrund lange anhaltender Krankheit und schweren Schicksalsschlägen. Niemand wird hiervor in Laufe seines

Lebens verschont. Das Schicksal fragt auch nicht nach deinem Stand und deinem Geldbeutel.

Ich will hier nur ein Beispiel anführen, wie schnell und unverhofft eine Enttäuschung über einen Menschen kommen kann:

Bereits einige Jahre vor der Pension des Mannes plante ein älteres Ehepaar eine Weltreise. Voll Vorfreude wurde immer wieder von dieser Reise erzählt. „Das können wir uns leisten. Das haben wir uns verdient. Du hast ja schließlich über vierzig Jahre gearbeitet." Diese Reden waren bei jeder Gelegenheit von der Frau zu hören.

Doch das Schicksal lässt sich nicht am Gängelband führen. Es mag keine Planungen auf lange Sicht.

Nur ein paar Monate vor dem Pensionsbeginn und der beabsichtigten Reise starb der Mann an seinem Arbeitsplatz an einem Herzstillstand, und dies, während er in der Mittagspause einen Witz erzählte.

So tragisch und traurig der plötzliche Tod für die Angehörigen war, so nachdenkenswert ist die spontane Äußerung der Frau. Sie sagte: „Musstest du mir das antun!" Dies ist keine Aussage, die auf rationaler Ebene entsteht, sondern sie kommt aus der Seele, aufgrund einer grenzenlos tiefen Enttäuschung, denn wie ein Blitz aus heiterem Himmel wurde alle Vorfreude getilgt.

Ohne Vorwarnung prallen die unterschiedlichen Kräfte gewaltsam aufeinander, die eigenen Wünsche und Vorstellungen und die Wahrheit. Je mehr diese Erwartungen über längere Zeit aufgebaut, gepflegt und in das tägliche Leben integriert werden, desto größer ist die psychische Belastung bei einer urplötzlich eintretenden Enttäuschung.

Es ist also für dich ratsam und zuträglich, mit beiden Füßen auf dem Boden zu bleiben. Alles gründlich bedenken, vieles für möglich halten, aber nichts erhoffen und erwarten. Dann ist dein Geist klar, du erkennst das wahre Leben und bist nicht selten überrascht, wie viel Freude von alleine auf dich zukommt.

Die Verantwortung für diesen Weg trägst du allein, niemand kann sie dir abnehmen. Du wirst stark und kannst Enttäuschungen rechtzeitig abwehren.

Tragisch sind nicht die unzähligen Vorgänge als Auslöser von Enttäuschungen, sondern der hilflose Umgang damit und die oft schmerzliche Prozedur der Verarbeitung.

Viele unterschiedliche Gründe für Enttäuschungen und Probleme wird es immer geben, du kannst sie nicht abschaffen und ändern, aber deine Einstellung dazu kannst du ändern.

Wer die Aufarbeitung der Enttäuschung nicht aus eigener Kraft schafft, kann ernsthaft krank werden und in tiefe Depressionen fallen.

Schütze dich davor und lasse keine Depression zu. Die Kraft dafür ist in deinem Inneren, und über alles, was von deinem Inneren ausgeht, weil es ohne äußere Einflüsse ausschließlich von dir kommt, kannst du bestimmen und gebieten.

Über alles, was von außen auf dich zukommt, in unregelmäßigen Zeitabständen und mit unterschiedlicher Energie, kannst du nicht bestimmen. Diese Vorgänge kannst du nur in der einen oder anderen Weise verarbeiten. Doch merke es dir gut: Die Kraft für diese Verarbeitung kommt aus deinem Inneren.

Von dir kommt alles, was von Natur aus frei ist. Dies ist denken, fühlen, sich freuen, hassen, Antrieb zum Handeln, wünschen, wollen, begehren und ablehnen.

Von außen kommt dein Besitz, dein Ansehen, deine Machtstellung, Freunde, Feinde und auch dein Körper.

Baue dein Haus auf sicheren Grund, in solider Bauweise, dann wird es Hagel, Sturm und Wolkenbrüche überstehen und auch ein Erbeben überdauern.

Wenn du dein Inneres in dieser Weise festigst und nährst, wirst du allem Äußeren in einer für dich zuträglichen Art begegnen, es annehmen oder es ablehnen, aber niemals enttäuscht sein.

# 3. Dulde keine Depression

Es gibt nur einen Weg zum Glück,
und der bedeutet, aufzuhören mit
der Sorge um Dinge, die jenseits
unseres Einflussvermögens liegen.
(Epiktet)

Statistiken sagen, zehn bis fünfzehn Prozent der Bevölkerung haben irgendwann im Leben eine Depression bekommen, verarbeitet oder sich sogar das Leben genommen. Wenn in nur einer Arztpraxis bis zu 50% der Patienten als depressiv eingestuft werden, kannst du ohne Zweifel davon ausgehen, dass Depression eine Volkskrankheit ist.

Sie kann jeden treffen und sie hat viele Formen: Diese Formen kannst du dir als Arme einer Riesenkrake vorstellen. Unverhofft taucht sie auf, schlägt zu und hält dich fest umschlungen. Wenn dir dies geschieht, bist du nicht mehr fähig, dich aus eigener Kraft zu befreien. Es ist fachkundige Hilfe notwendig, und es beginnt ein langer, schmerzvoller Weg mit unterschiedlichen Behandlungen bei Ärzten und Psychotherapeuten. Die bekanntesten Behandlungsformen sind die Pharmakotherapie (Medikamentenbehandlung) mit Antidepressiva und die Psychotherapie. Wenn es erforderlich ist, werden verschiedene Therapieformen kombiniert.

Wir wollen aber an dieser Stelle nicht darüber diskutieren, was unter Depression im medizinischen Sinne zu verstehen ist und wo die Trennlinie zwischen allgemeinen Lebensproblemen und einer echten psychiatrischen Erkrankung verläuft. Hierfür findest du umfangreiche Angebote in der Fachliteratur, bei Beratungsstellen und in Selbsthilfegruppen.

Wir wollen hier darüber sprechen, wie du dich nach Möglichkeit davor schützen kannst, dass ein Stimmungstief und ständig wiederkehrende belastende Lebensumstände in einer Depression und somit in einer schwerwiegenden psychiatrischen Erkrankung enden.

Es gibt bei der Geburt eines Menschen keinen Garantieschein für ein glückliches, sorgenfreies Leben. Jedes Schicksal ist dem Wandel unterworfen. Auf deinem Lebensweg wirst du kräftig geschüttelt und oft getreten. Trotzdem sollst du im Unglück nicht den Mut verlieren - aber auch dem Glück nicht zu sehr vertrauen. Du weißt nicht, wann der Wagen, der dich in die Höhe fährt, am Weg dich wieder zurück lässt. Er wird seinem Ziel folgen, nicht dem deinen.

Wenn du tief hinab geworfen wirst, ist es zuträglich und förderlich, wieder aufzustehen und die eigene Kraft zu erproben und zu stärken.

Die Möglichkeiten einer Lebensblockade und Orientierungslosigkeit sind vielseitig. Manchmal liegt die Ursache bei dir, oft kommen die Ereignisse von außen. Du kannst sie nicht abwehren, musst sie aber verarbeiten, ohne dass deine Seele Trauer trägt und alle Lebensfreude zerstört wird.

Mit welcher Gewalt Veränderungen in das Leben eines Menschen eintreten können, beschreibt sehr deutlich *Nikolaj Gogol* in seinem Buch ,*Die toten Seelen'* :

„Wie schnell kann sich doch alles im Menschen wandeln: ehe man sich's versieht, ist in sein Inneres ein Wurm eingedrungen, der immer größer und größer wird und rücksichtslos alle Lebenssäfte aufsaugt. Und immer wieder ist es vorgekommen, dass bei einem Menschen, der zu ungewöhnlichen Taten geboren schien, durchaus nicht nur eine große Leidenschaft so übermächtig erstarkte, dass sie alle anderen Regungen erstickte. Sondern oft schon ließ ihn irgendeine minderwertige Neigung seine heiligsten Verpflichtungen vergessen und in armseligen Nichtigkeiten etwas Hohes und Anbetungswürdiges erblicken. Unzählig wie die Sandkörner am Meeresstrand sind die menschlichen Leidenschaften und nicht eine ist der anderen gleich, aber alle, die edlen und die unwürdigen, sind dem Menschen untertan und werden erst später zu seinem grausamen Beherrscher."

Den letzten Satz merke dir gut, und lasse alle widrigen Umstände, die von außen auf dich zukommen, nicht zu deinen „grausamen Beherrschern" werden. Sie können dich in eine tiefe Depression stürzen.

Der Tod von dir nahestehenden Menschen, eigene Krankheit, Verlust des Arbeitsplatzes, Armut und finanzielle Verluste durch Spekulation erzeugen bei dir ein Stimmungstief und Phasen der Entmutigung, Freudlosigkeit und Einsamkeit, eingebettet in tiefe Trauer und Schmerz. Sie hindern dich daran, so zu leben, wie du leben möchtest. Du bist in einen Bewusstseinszustand hineingeraten, der dich daran hindert, in der Gegenwart zu leben, die reale Welt um dich herum so zu sehen, wie sie ist. Du steckst in einer Depression und kannst allein die Energie nicht mehr aufbringen, dein Leben zu ändern. Eine medizinische Betreuung ist unausweichlich.

Bedenke aber, diese Betreuung wird deine kostbare Lebenszeit viele Monate oder sogar Jahre in Anspruch nehmen und als nicht gelebt auslöschen.

Willst du wirklich so leben? Medikamente schlucken und dein Leben in Behandlungszimmern von Ärzten und Psychotherapeuten verbringen? Wie sieht dein Leben in der Zeit zwischen den Behandlungen aus? Du siehst die Blumen nicht mehr blühen, ziehst dich zurück von Freunden und Bekannten, bist einsam, legst dich in dein Bett und ziehst die Decke über deinen Kopf. Vollkommen lust- und freudlos vegetierst du so dahin.

Hast du dir dein Leben so vorgestellt? Hast du das wirklich verdient?

Irgendwann wurde der Schalthebel in deinem Kopf falsch programmiert. Die Schnittstellen funktionieren nicht mehr. Das von Natur aus harmonisch gestaltete System von Geist, Gehirn und Psyche ist aus den Fugen geraten und stört deine realistische Wahrnehmung.

Aber warum? Niemand ist geschützt davor, eines Tages Betroffener zu sein. Die Frage ist also, was können wir von uns aus unternehmen und lernen, um mit den Schockerlebnissen angemessen umzugehen, ohne krank zu werden?

Ein gutes Gegenmittel für das Aufkommen von Depression ist, wenn du eine angemessene Portion Zorn akzeptierst und förderst. Aber nicht so, dass du jetzt denkst, du sollst zornig sein auf Gott und die Welt. Nein, einzig und allein auf deine eigenen Schwächen, denn du bist dir selbst der größte Feind. Diesen Feind, deinen inneren Peiniger, zu besiegen und mit ihm in Frieden zu leben, ist deine wahre Lebensaufgabe.

Dein Schicksal kannst du nicht erkennen und bestimmen. Darum strebe danach, dich nicht zu sorgen über Dinge, die du nicht beeinflussen, abwenden oder befürworten kannst.

Was dir von außen zufällt oder genommen wird, akzeptiere als vom Schicksal gegeben, und konzentriere dich auf alle Dinge, die in deiner eigenen Macht stehen. Stärke und mehre deine guten Eigenschaften wie Verantwortungsbewusstsein, Toleranz, Ehrlichkeit, Hilfsbereitschaft und Duldsamkeit, und bekämpfe deine schlechten Eigenschaften.

Hierzu zählen Feigheit, Angst, Gleichgültigkeit, Antriebsschwäche und die wahrhaftig bösartigen Teufelchen in deiner Seele - Lügen und Betrügen.

Wenn du Augen und Ohren öffnest, genau hinschaust und zuhörst, wirst du bald erkennen, dass in der Regel als Grund der Depression äußere Einflüsse genannt werden. Ein Mann wird als schwer depressiv behandelt, weil er es nicht verarbeiten kann, dass er von einem Anlagebetrüger um Euro 200.000,-- geprellt wurde. Immerhin, er hatte Euro 200.000,--, die er nicht für den Lebensunterhalt benötigte.

Für diesen speziellen Fall und auch für weitere Ereignisse müssen wir ein wenig die Beziehung zwischen Wunsch und Wirklichkeit betrachten.

Die Wirklichkeit ist, dass er getäuscht wurde und viel Geld verloren hat. Die Ursache für seine Depression liegt wahrscheinlich auf einer ganz anderen Ebene mit unterschiedlichen Bezugspunkten. Sein Selbstwertgefühl wurde verletzt, und sein Wunsch nach immer mehr Geld und Ansehen wurde nicht befriedigt. Er muss Freunden und Bekannten und auch der eigenen Familie gestehen, dass er reingelegt wurde. Sein Ego wurde verletzt. Dies schmerzt womöglich viel mehr als der Verlust des Geldes. Depression entsteht bei vielen Menschen sehr oft nach einer unerwarteten plötzlichen Erschütterung der oft egoistischen Lebenseinstellung.

Eine ähnliche Beziehung von Wunsch und Wirklichkeit finden wir bei plötzlichem Arbeitsplatz- und Prestigeverlust von Managern und leitenden Angestellten. Bei den Topmanagern in der oberen Gesellschaftsschicht erfolgt die Freistellung nicht selten aus heiterem Himmel. Vorzeichen werden aufgrund der Machtstellung und eines übersteigerten Selbstwertgefühls oft nicht wahrgenommen. Der Geist ist verblendet von Reichtum und Stellung, obwohl er unberührt bleiben sollte von den vielen Zufälligkeiten der beruflichen Laufbahn.

Ein Vertriebsmanager weiß zwar, dass die Aufträge zurück gehen. Er fühlt sich aber in keiner Weise betroffen oder bedroht und genießt weiterhin seinen aufwändigen Lebensstil mit Partys und Reisen. Er hat seit zwei Monaten kein Gehalt bekommen. Seinen Freunden und seiner Familie sagt er es nicht. Dann kommt der große Crash. Die Firma stellt den Insolvenzantrag.

Der Vertriebsmanager stürzt in ein tiefes schwarzes Loch. Die Welt bricht über ihm zusammen. Aber nicht, weil die Firma pleite ist, nicht weil die Wirklichkeit brutal und rücksichtslos ist, sondern vielleicht nur deshalb, weil er die Niederlage nicht ertragen kann, den Verlust aller äußerlichen Werte. Die innerlichen Werte hat er nie gepflegt und gefördert, dafür hatte er bei seinem feudalen Lebensstil keine Zeit.

Jetzt ist er nur noch ein Häufchen Elend ohne Lebenskraft. Er zieht sich zurück in seine Wohnung, lässt den Rollladen herunter und jammert vor sich hin. Er will niemanden sehen und bricht alle Kontakte zu Freunden und Bekannten ab. Seine Frau kann diese Situation nicht verkraften, sie verlässt ihn.

Sag mir, was ist mit diesem Menschen geschehen?

Er glaubte zu besitzen, was er nicht besaß und schien erfüllt zu sein, obwohl er in Wirklichkeit leer war. Er lebte in einer übersteigerten Selbstzufriedenheit, war aber im Innern doch hohl und unausgefüllt. Der Schock des Prestigeverlustes blockiert die Offenheit seines Bewusstseins und versenkt ihn täglich weiter ins Dunkle, in ein tiefes schwarzes Loch. In diesem Zustand der eigenen Schwäche sind Selbstdisziplin und Lebensfreude nicht mehr möglich. Er wird ein Fall für Ärzte und Therapeuten.

Ich stimme dir zu, wenn du jetzt sagst: „Es ist nicht recht, wenn diese Menschen unter den allgemeinen Begriff *Depression* gesteckt werden zusammen mit Personen, die wahrhaftig große Pein und Seelennot erleiden durch traumatische Schockerlebnisse bei Krieg, Mord, Folter und ungewollte Beteiligungen bei Selbstmorden und bei Verkehrsunfällen."

Das Wort *Depression* ist ein Modewort geworden, wie wir es ja auch bei dem Sammelbegriff *Mobbing* sehen. Viele Einzelfälle, die nicht vergleichbar sind, werden zusammengefasst.

Wenn Wünsche nicht erfüllt werden oder Vorhaben nicht so gelingen, wie es geplant war, kann man sich schnell eine Depression zulegen und pflegen. Behandlungsmöglichkeiten werden genug angeboten, und die medizinische Forschung ist sehr daran interessiert, den Menschen als ständig nachwachsenden Rohstoff für die Gewinnmaximierung nicht zu vernachlässigen.

Auch wenn deine Träume immer wieder wie Seifenblasen zerplatzen und deine Wünsche unerfüllt bleiben, ist es ratsam, nicht sofort zum Arzt zu laufen und Medikamente zu schlucken. Für dich ist jetzt mit Sicherheit die Zeit gekommen, ernsthaft über dein Leben, deine Taten und deine Versäumnisse, nachzudenken. Wir sind nicht nur verantwortlich für das, was wir tun, sondern auch für das, was wir nicht tun – was wir aus Gleichgültigkeit versäumen, zu tun.

Steig hinab in den Keller deiner Seele, räume aus den dunklen Gängen Müll und Unrat aus der Vergangenheit beiseite, und scheue dich nicht davor, auch verborgene Leichen ans Tageslicht zu bringen und sie gebührend zu beerdigen. Das Ergebnis wir dich überraschen und erfreuen. Du siehst die Welt in neuem Licht und fühlst dich befreit und erleichtert. Du hast die Vergangenheit aufgearbeitet, aber du musst sie deshalb nicht vergessen. Behalte sie mit Respekt und Achtung in Erinnerung, ohne Trauer und Wehmut.

Die Vergangenheit ist die erste Wegstrecke deines Lebens, doch allein in der Gegenwart liegt dein Dasein. Nur in der Gegenwart kannst du fröhlich und traurig sein und fühlen denken und handeln. Nur die Gegenwart ist wahr und wirklich. Genieße sie, und halte sie frei von verdrießlichen Gedanken über verfehlte Chancen und Hoffnungen aus der Vergangenheit und auch von übertriebener Besorgnis für die Zukunft.

Die Vergangenheit holst du nicht zurück. Weder eine gute noch eine unwürdige Tat kannst du rückgängig machen. Auch ein gesprochenes Wort, geäußert in Liebe oder Zorn und Hass, kann nicht mehr zurückgenommen werden.

Darum lebe heute, im Einklang mit deiner Natur, aufrichtig zu dir und den Menschen, in der festen Überzeugung, dass dir nichts Böses widerfahren kann, wenn du nichts Unrechtes tust und es auch niemanden wünscht.

Nicht die Dinge selbst, sondern die Meinungen darüber beunruhigen die Menschen. Darum bilde dir nur eine Meinung über Dinge, die dich im Augenblick, in der Gegenwart berühren und handle stets nach bestem Wissen und Gewissen. Du brauchst dann gewiss keine Depression zu fürchten.

Vor fast einem halben Jahrhundert habe ich ein Chanson von Walter Andreas Schwarz gehört mit einem Text, der immer wieder in meinem Kopf auftaucht, vielleicht weil er so wahr ist. Urteile selbst:

„Im Wartesaal zum großen Glück
Da warten viele, viele Leute
Die warten seit gestern auf das Glück von morgen
Und leben mit Wünschen von übermorgen
Und vergessen, es ist ja noch heute
Ach, die armen, armen Leute".

Bleib also nicht in der Vergangenheit sitzen. Lebe heute mit all deinen Sinnen und Gefühlen. Weine, wann immer du weinen willst, und lache, wenn es angemessen ist. Jammere aber nicht wegen gestern. Sorge dich nicht darüber, was noch nicht gegenwärtig ist.

Wenn du heute Disziplin übst, aufrichtig, ehrlich und gewissenhaft bist, musst du keine Angst vor morgen haben, denn du wirst auch morgen so sein, denken und handeln.

# 4. Sorge dich nicht vor der Zeit

Die kurze Zeit des Lebens verbietet uns,
Anschläge auf lange Sicht zu machen.
(Horaz)

Du hast eine gute Stellung im Beruf und in der Gesellschaft. Deine Familie, zwei gesunde Kinder und deine Frau (dein Mann) bringen Freude und Glück in dein Leben. Trotzdem plagen dich ständig Sorgen um die Zukunft. Die chaotischen Zustände in der Politik, in der Wirtschaft und dem Sozialwesen beunruhigen dich. Du kannst nachts nicht schlafen und machst dir Gedanken darüber, was alles Schlimmes geschehen kann.

Viele Fragen gehen dir durch den Kopf. „Was ist, wenn ich krank werde, meinen Job verliere, die Kinder keinen Ausbildungsplatz finden, das Geld nicht mehr reicht für unsere Zukunftspläne, das Haus verkauft werden muss, meine Frau (mein Mann) krank wird oder mich sogar verlässt?"

Vieles kann geschehen, nichts muss geschehen. Alles Wirkliche hat sein Maß und kann verarbeitet werden. Doch du malst dir in deiner Fantasie Horrorgeschichten aus und läufst damit dem Unglück entgegen. Das Zukünftige ist aber ungewiss und plagt nur ängstliche Gemüter.

Franz Kafka sagt: „Verbringe die Zeit nicht mit der Suche nah einem Hindernis, vielleicht ist keines da."

Gewiss wird auch dir das eine oder andere Übel begegnen. Trauer und Schmerz bleiben auf dem Lebensweg niemandem erspart. Es ist nur die Frage, wie der einzelne Mensch mit den Schicksalsschlägen umgeht.

Zukünftiges, das von außen auf dich zukommt, kannst du nicht verhindern. Das Schicksal lässt nicht mit sich spielen. Darum sorge dich nicht im Voraus über Dinge, die niemals so kommen, wie du sie erwartest, nicht zu der Zeit und nicht mit der Gewalt, wie du es befürchtest. Zukünftige, ungewisse Ereignisse können und dürfen dich nicht belasten. Nur die Vorstellungen darüber blockieren deinen Geist und verhindern ein verantwortungsvolles und unbeschwertes Leben und Handeln in der Gegenwart. Deine Hirngespinste und Fantasien fressen deine kostbare Zeit auf und blockieren deine Vitalität und Lebensqualität.

Lasse dies nicht zu. Du kannst gewiss sein, wenn dir eine Aufgabe gegeben wird, dann wird dir auch die Kraft und Hilfe gegeben, dieser Sache gerecht zu werden.

Wenn du heute nicht gedankenlos und leichtfertig in den Tag hinein lebst, sondern alle deine Aufgaben und Pflichten nach bestem Wissen und Gewissen erledigst, musst du dir keine unnötigen Sorgen für den kommenden Tag machen. Wenn heute dein Handeln glaubwürdig ist, dass heißt wahr und klar in Gedanken und Tat, wirst du mit Sicherheit auch morgen so handeln. Furcht vor der Zukunft musst du also nicht haben.

Alles hängt von der Einbildung ab. Sie liefert uns nicht nur Nahrung für Ehrgeiz, Habsucht und Verschwendung, sondern auch unsere Schmerzen und Trauer richten sich danach und können besiegt oder gefördert werden.

Du bist gerade so glücklich oder unglücklich, wie du es zu sein glaubst. Übe deshalb täglich Disziplin. Dies bedeutet, setze dir Grenzen, die du nicht überschreitest. Klage und jammere nicht über vergangene Schmerzen und unerfreuliche Erinnerungen, und dulde keine Angst vor Dingen, die noch nicht greifbar sind. Was gestern war, geht dich heute schon nichts mehr an, was morgen kommt, noch nichts.

Du sagst: „Ich fühle aber heute heftige Schmerzen. Sie quälen mich so sehr, dass ich arbeitsunfähig bin und mein Geist sich mehr und mehr verwirrt. "

Dein Einwand ist verständlich. Unzähligen Menschen geht es ebenso. Doch viele jammern und klagen über ihre Leiden, weil sie es nicht gewohnt sind, Stärke und Befriedigung in ihrem geistigen Wesen zu suchen und zu finden. Sie haben keinen inneren Halt und keine Willenskraft, gegen die Schmerzen anzukämpfen. Nur wer kämpft, kann auch siegen. Die Natur hat es so eingerichtet, dass der Schmerz entweder zu ertragen ist oder nur kurze Zeit dauert.

Fördere und motiviere deine innere Kraft und lenke deine Gedanken auf schöne Dinge, weg von deinen Schmerzen. Sie stumpfen ab und belasten dich nicht mehr so sehr auf deinem Weg zum inneren Frieden. Wie immer du willst, kannst du sagen, „Gott ist gerecht", oder „das Schicksal ist gnädig". Entweder du kannst deine Schmerzen ertragen, oder du wirst davon erlöst. Wenn deine Zeit in diesem Leben abgelaufen ist und du deine Aufgaben erfüllt hast, wirst du auch von deinen  Schmerzen befreit sein.

Es gibt keinen Zufall. Auch das scheinbar Zufälligste ist nur auf entferntem Wege herangekommenes Notwendiges. Was dir als Zufall erscheint, gerade das steigt auf aus den tiefsten Quellen.

Sorge dich also nicht vor der Zeit, und sorge dich nicht über Dinge, die von außen auf dich zukommen. Naturkatastrophen und eine verdorbene Ernte kannst du ebenso wenig verhindern wie Krankheit und plötzliche Todesfälle. Du kannst aber deinem Schicksal mutig entgegen schauen und nach jedem unverhofften Fausthieb gestärkt aufstehen. Du fühlst mehr und mehr festen Boden unter deinen

Füßen und kannst deine Aufgaben frei von bedrückenden Sorgen erfüllen.

Diese Aufgaben werden dir mit in die Wiege gelegt. Mit welchem Einsatz, zu welcher Zeit und mit welcher Mühsal du sie erfüllen wirst, weißt du nicht. Dein Zeitfaktor, dein Lebensweg, den du gehen musst, ist aber so angelegt, dass sich alles fügt und erfüllt, bis du dein Ziel erreicht hast.

An dieser Stelle möchte ich nochmals ein paar Zeilen von *Nikolaj Gogol* aus seinem Buch „*Die Toten Seelen*" einfügen:

„Es war, als sagte ihm ein dunkler Instinkt, dass jedem Menschen eine Aufgabe in dieser Welt zugeteilt sei, die sich überall und in jedem Erdenwinkel erfüllen lasse, möge er dort, wo immer er hingestellt sei, auch noch so sehr durch schwierige Verhältnisse gehemmt und behindert sein."

Deine Aufgaben sind also vorbestimmt, und dein Ziel hast du fest vor Augen. Der Weg zum Ziel kann aber steil und beschwerlich sein. So mancher Felsbrocken wird die vor die Füße geworfen. Deshalb ist es nicht immer zuträglich, einfach geradeaus zu gehen, denn die Mauer vor dir ist oft härter als du. Wenn du dreimal davor gelaufen bist, wirst du merken, dass es weh macht und du rechts oder links vorbei musst. Ein kleiner Umweg ist oft eine zuträgliche Denkpause.

Derartige Hindernisse oder Unglücksfälle können für dich auch ein Zeichen sein, deine übersteigerten Aktivitäten zu bremsen. Inne halten und sich sammeln ist die beste Medizin, entgleiste und chaotische Situationen wieder in den Griff zu bekommen. Im Sturm die Ruhe bewahren, und im Lärm die Stille suchen, ist förderlich für deinen Seelenfrieden und gibt dir eine klare Sicht für weitere Entscheidungen. Angst und Mutlosigkeit haben so keinen Platz in deinem Leben. Denken und fühlen kannst du nur heute. Was morgen kommt, soll dich neugierig machen, aber nicht ängstlich.

Für viele Menschen ist es nicht einfach, die eigene Identität zu finden, die Gleichheit mit sich selbst als Harmonie zwischen Wünschen und Wollen, Denken und Handeln. Ihr ständiges Fortschreiten und Suchen wird all zu oft gehemmt durch die Einbettung in geschlossene, bürgerliche Systeme. Durch hierarchische Familienverbände, Standesdünkel, Zugehörigkeit zu Religionsgemeinschaften und spießbürgerliche Norm- und Formvorstellungen wird der einzelne Mensch vorrangig von außen bestimmt. Er kann seine Kreativität nicht entfalten und seine Persönlichkeit frei entwickeln.

Gehörst du zu diesen Menschen? Sorge dich trotzdem nicht. Wo ein Wille ist, ist auch ein Weg. Wenn dir eine Lebensaufgabe gegeben wurde und es keinen Zufall gibt, dann wirst du auch die Kraft bekommen, dich zu befreien, um deinen Weg zu gehen.

Scheinbar einfacher im Leben haben es die anderen Typen. Menschen, die individuell leben, nach der ihnen zugehörigen, eigentümlichen Art, nicht angepasst und in feste Strukturen eingeordnet. Sie sind unkonventionell, aufgeschlossen und vielseitig interessiert. Diese Menschen können nicht irgendeiner Schublade zugeordnet werden. Sie ziehen durch das Leben wie die Nomaden durch die Wüste, von einer Oase zur anderen.

Denke aber jetzt nicht, diese Art zu leben sei leichter. Jeder Mensch hat auf seinem Lebensweg sein Kreuz zu tragen. Gut ist, nicht zu wissen, wann es sein wird und wie viele Zentner deine Schultern aushalten müssen.

Wesentlich bei den Nomadentypen ist wohl, dass ihr Urinstinkt nicht durch ständige Bevormundung und Fremdbestimmung verschüttet wurde und noch einwandfrei funktioniert, wenn Gefahr droht. Von einer Oase zur anderen ziehen heißt nämlich, weite Wegstrecken durch Hitze und Staub oft hungrig und durstig zu überstehen und sich ständig der Gefahr auszusetzen, von wilden Tieren zerfleischt zu werden.

Du kannst auch schlicht und einfach sagen, es ist für dein Seelenheil und für deinen inneren Frieden förderlich und zuträglich, deinem Urinstinkt zu folgen um in unserer seelenlosen Gesellschaft einigermaßen gesund zu überleben.

Sei wachsam und lebe heute. Unglücksfälle und Schicksalsschläge, die in deiner Fantasie entstehen, sind keine Gefahr für dich. Der Mensch ist dem Menschen die größte Gefahr, denn der Mensch vernichtet den Menschen mit Lust.

# 5. Distanz und Nähe

Keine Gemeinschaft, keine
Geselligkeit kann ohne Torheit
angenehm und dauerhaft sein.
(Erasmus von Rotterdam)

Heute musst du zu einer Vereinsfeier. Deine Anwesenheit ist unabdingbar. Du gehörst zu den Organisatoren und hast während des offiziellen Programms für einen reibungslosen Ablauf zu sorgen. Die Vorbereitungen hast du mit einigen Kollegen umsichtig ausgeführt. Für gute Unterhaltung wird ein abwechslungsreiches Abendprogramm mit musikalischen Einlagen geboten, und ein köstliches kaltes Buffet sorgt für das leibliche Wohl der Mitglieder und Gäste.

Du magst diese Art Beschäftigung, und eigentlich ist ja auch alles in bester Ordnung. Trotzdem möchtest du heute lieber zu Hause bleiben, den Abend in Ruhe genießen ein gutes Buch lesen und Musik hören. Einfach allein sein.

Warum ist dieser Widerspruch in dir? Einerseits bist du der talentierte und beliebte Organisator und Manager, immer freundlich, hilfsbereit und in ständiger Aktion. Andererseits sehnst du dich nach Stille und Muße.

Früher sah man dich als Ersten auf der Tanzfläche. Trinkfest und humorvoll konntest du die Menschen unterhalten. Doch heute fühlst du eine innere Leere. Die lärmende und angetrunkene Gesellschaft empfindest du als eine Masse von Toren.

Viele Jahre suchtest du Glück im Handeln und Tätigsein. Alles war für dich wichtig, und du warst für alles zu haben, nur nicht für dich selbst, für dein eigenes Leben und die Entfaltung deiner inneren Kräfte.

Ohne Bezug zur Welt außerhalb des eigenen Ichs kann zwar das eigene Leben nicht erfüllt werden, denn der Mensch ist für die Gemeinschaft geboren, und nicht um seiner selbst willen. Doch nur wenn du deine Bestimmung erkennst, die darin besteht, du selber zu sein, kannst du deine Aufgabe in der menschlichen Gemeinschaft gebührend wahrnehmen.

Es ist für dich gewiss nicht immer leicht, die Menschen zu lieben, wenn du beobachtest, wie sich beseelte Menschen in eine skrupellose, gierige, seelenlose Masse verwandeln. Für dein persönliches Seelenheil und deine innere Stärke ist es deshalb zuträglich und förderlich, ein ausgewogenes Maß an Distanz und Nähe zu deinen Mitmenschen aufzubauen.

Dies ist keine leichte Aufgabe. Es ist ein lebenslanger Lernprozess. Wir können immer nur einen Teil der erkennbaren Möglichkeiten realisieren. Auch unter günstigsten Bedingungen wird deine persönliche Entwicklung niemals enden.

Deshalb ist das Üben von Distanz und Nähe, sich zurückziehen und besinnen oder aktiv nach außen tätig sein, erforderlich, und dies in unterschiedlichen Bereichen unseres täglichen Lebens.

Die kleinste Einheit ist die Familie, die Nähe und der Abstand zum Partner, zu den Kindern und der Kinder untereinander. In diesem Bereich sind die Reibungsflächen besonders sensibel und pflegebedürftig.

Jedes menschliche Wesen ist etwas Besonderes und Einmaliges. Auch Kinder müssen in diesem Sinne gesehen und geführt werden. Viele junge Eltern haben aus Mangel an Erfahrung und fehlendem Selbstvertrauen oft nicht die angemessene Sensibilisierung, im richtigen Moment ihre Kinder einfach mal in Ruhe zu lassen.

Du fragst: „Wie sollen junge Eltern diese schwere Aufgabe bewältigen, wenn sie als Kinder in einer engen autoritären Einheit von Familie, Schule oder religiöser Gemeinschaft erzogen wurden, täglich von außen bestimmt und zum Gehorsam gezwungen mit undemokratischen Richtlinien und Verhaltensmustern?"

Deine Frage ist berechtigt. Es ist jedem betroffenen jungen Menschen zu wünschen, dass er es mit angemessenem Respekt gegenüber der bestehenden hierarchischen Familienstruktur doch schafft, sich aus der Gefühlswelt seiner Eltern zu entfernen, nicht durch körperliche Abwesenheit, aber durch geistige Selbstständigkeit und Freiheit im Rahmen des Möglichen. Distanz zur vollständigen Bevormundung kann die Nähe, die für ein aufgeschlossenes Miteinander notwendig ist, fördern und stärken.

Wenn junge Menschen keinen Spielraum haben, sich zu finden und auf sich selber zu hören, können sie auch nicht die Fähigkeit entwickeln, auf andere zu hören, anderen zuzuhören. Zuhören können ist aber eine notwendige Voraussetzung dafür, mit anderen Menschen zurecht zu kommen, sich mit ihnen in Beziehung zu setzen.

In einem Lied von *Hermann van Veen* heißt es:
„Es hat auch was für sich, mal für sich zu sein."
*Blaise Pascal* (frz. Philosoph 1623-1662) sagte schon:
„Alles Unglück des Menschen entstammt daher, dass sie unfähig sind, in Ruhe alleine in ihrem Zimmer bleiben zu können."

Eine innere Sammlung, die nur im Alleinsein Früchte trägt, ist der Nährboden für produktives Denken, Kreativität, Liebe und produktive Arbeit. Dies wiederum ist die Voraussetzung für einen humanen Umgang in Familie, Partnerschaft, Schule und Beruf, im alles umfassenden menschlichen Miteinander.

Wer bei sich selbst zu Hause sein kann, allein sein kann, kommt auch in der Gemeinschaft zurecht. Doch wer die Gemeinschaft sucht, weil er mit sich selbst nichts anfangen kann, dem ist zu raten: „Meide die Masse wie die Pest."

Wenn du noch nicht zu dir selbst gefunden hast, kannst du dich nicht ohne Gefahr für deine guten Vorsätze und für dein Seelenheil unter die Menschen begeben. Alles was du bereits für dich geordnet hast, um eine Harmonie zwischen deinem realen Ich und deinen Wünschen herzustellen, wird durch schlechte Vorbilder und vermeintlich gute Ratschläge beeinträchtigt oder sogar zerstört. Ohne dein Wissen und Wollen wirst du von ungünstigen Beispielen und üblen Eigenschaften angesteckt. Auch ein bereits gefestigter Charakter bleibt nicht verschont von der verlockenden Faszination, die von Luxus, Lifestyle und ausgelassenen, oft ausschweifenden Massenveranstaltungen auf den Menschen ausgeübt wird.

Niemand kehrt so geläutert heim, wie er fortgegangen ist. Seine Wünsche werden geweckt, er wird ehrgeiziger, und vieles wird wieder begehrlicher, was schon vergessen schien.

Du darfst aber deshalb kein Feind der Allgemeinheit werden, sondern musst um deiner selbst willen ständig üben, Distanz zu wahren. Lass dich nicht von den Gefahren erdrücken, die in der Masse mit völlig wesensfremden Menschen auf dich lauern. Ziehe dich soviel als möglich in dich selbst zurück, und suche nur Kontakte zu Menschen, die für dich förderlich sind, Menschen, durch die du besser werden kannst oder die du bessern kannst.

Achte auch darauf, dass dein Umgang mit dir selbst zuträglich ist für deine Selbstverwirklichung. *„Wenn du mit dir selber sprichst, dann sei auf der Hut, dass du nicht mit einem schlechten Menschen sprichst."*

Jeder Mensch ist ein einzigartiges und einmaliges Wesen. Interessanterweise gibt es aber gewisse geistige und gefühlsmäßige Strömungen oder Veranlagungen, die sich bei einzelnen, vollkommen fremden Menschen gleichen. Du hast es sicher auch schon erlebt, dass du eine unbekannte Person triffst, mit der du auf Anhieb so reden kannst, als würdet ihr euch ein Leben lang kennen. Das Gespräch hat vom ersten Satz an Kraft und Inhalt, und die Worte, die ihr wählt, könnten dem anderen von den Lippen genommen sein. Warum ist das so?

Stell dir einfach vor, die Menschen bewegen sich auf verschiedenen Wellenlängen übereinander und nebeneinander. Wir wandern auf unserem Lebensweg kreuz und quer durch dieses Geflecht von Strömungen und Wellen. Triffst du nun auf Menschen, die sich auf deiner Wellenlänge bewegen, läufst du nicht Gefahr, in schlechte Gesellschaft zu geraten. Ihr werdet euch verstehen und auch ohne gezielte Vorgehensweise gegenseitig fördern. Zu diesen Menschen pflege respektvolle Nähe.

Den anderen Menschen, die sich auf den Wellenlängen neben dir, unter dir oder oberhalb von dir befinden, begegne mit Achtung, halte sie aber auf Distanz zu dir, denn ihr werdet nie auf einen Nenner kommen. Die Einflüsse dieser Menschen wirken sich in der Regel negativ auf deine persönliche Selbstverwirklichung aus.

Wenn du dieses System der unterschiedlich verlaufenden Wellenlängen nachvollziehen kannst, wirst du auch verstehen, dass Streit unter den Menschen eigentlich überflüssig und unnötig ist. Es wird entweder eine gemeinsame Basis gefunden, oder die Menschen gehen sich besser aus dem Weg, bevor sie beginnen, sich gegenseitig zu vernichten, weil zu unterschiedliche Vorstellungen aufeinander prallen. In diesen Situationen ist es wichtig, dass gemeinsame Probleme ausschließlich sachbezogen geregelt werden.

Sobald die unterschiedlichen Emotionen ins Spiel kommen, wird ein einfaches Problem oft vergessen, und es kommt zu unsinnigen und zerstörerischen Auseinandersetzungen.

Sender und Empfänger sind bei den Menschen auf gleicher Wellenlänge aufeinander ausgerichtet. In fruchtbaren Gesprächen können Probleme immer gemeinsam gelöst werden.

Es leben aber nun mal Menschen unterschiedlicher Wellenlängen in verschiedenen gesellschaftlichen Organisationen und Einheiten zusammen. Sie sind ungewollt aufeinander angewiesen, nicht unbedingt wie Gut und Böse, aber doch wie hüh und hott (zurück, nach rechts). In Nachbarschaften, Betrieben, Schulen, Parteien und vielen anderen Gruppierungen haben Menschen mit unterschiedlichen Lebensanschauungen täglich Kontakt miteinander. Wir treffen hier auf ein Gemisch von verschiedenen Wellenlängen, aus deren Einflussbereich du nicht einfach entfliehen kannst. Du solltest es aber versuchen, wann immer es möglich ist. Die ständige Nähe in einer solchen Masse fördert Intrigen und Mobbing und blockiert deinen Weg in die persönliche geistige Freiheit mit Selbstfindung.

Eine Möglichkeit, trotz unterschiedlicher Voraussetzung und Lebensanschauung human und verantwortungsvoll miteinander umzugehen gibt es. Die Akzeptanz des Systems von Steuerung und Regelung von allen beteiligten Einzelpersonen und Gruppen.

Was heißt nun Steuerung und Regelung? Steuerung bedeutet im technischen Bereich: *Beeinflussung eines Vorgangs, um die richtige Arbeitsweise einer Anlage sicherzustellen.* Regelung ist *ein Vorgang in einem abgegrenzten System, bei dem eine oder mehrere Größen fortlaufend erfasst, gemessen und verglichen werden.* Für technische Anlagen ist das System von Steuerung und Regelung für jedermann nachvollziehbar und verständlich. Niemand kommt auf die Idee, bei automatischen Produktionsstraßen, zum Beispiel in der Autoindustrie oder bei arbeitsintensiven Computeranlagen, willkürlich und unregelmäßig irgend welche Stecker zu ziehen oder Hebel umzulegen. Wenn dieses Zusammenspiel von Steuerung und Regelung auch in den unterschiedlichen Sozialsystemen beachtet wird, steht einem friedlichen Miteinander in kleinen und großen gesellschaftlichen Gemeinschaften nichts im Wege. Die Steuerung, das heißt die Rahmenbedingung muss human, unzweideutig und praktikabel sein. Stimmt diese Voraussetzung, kann sich jede beteiligte Person oder Gruppe im täglichen Lebens- und Aufgabenbereich selbst regulieren. Die Detailaufgaben und Verantwortungsbereiche müssen ineinander greifen, ohne ständige Bedrängnis und unnötiges Einmischen der höheren Instanz wie Eltern, Lehrer und Vorgesetzte.

Die maßvolle Distanz der auf der Hierarchieleiter höher gestellten Person zur Gruppe fördert die Eigenverantwortung, Harmonie und Nähe innerhalb der Gruppe und somit die persönliche Leistungsbereitschaft und Weiterentwicklung der einzelnen Personen.

Das bisher Gesagte steht für den Umgang mit Distanz und Nähe nach außen, zu anderen Personen und Personengruppen.

Wie steht es aber mit Distanz und Nähe zu dir selbst, zu deinen Träumen, deinen Plänen und deiner Arbeit? Lebst du in einer Phantasiewelt und lässt dich von deinen Träumen davon tragen, oder genießt du deine Träume mit einer entsprechenden Distanz, als Energiequelle für die Bewältigung der harten Wirklichkeit?

Um einen harmonischen Ausgleich zwischen Wunsch und Wirklichkeit zu erreichen, ist es sinnvoll, hin und wieder in Distanz zu den Wünschen zu gehen und die Nähe zur Wirklichkeit zu suchen, sich den täglichen Aufgaben zu stellen.

Auch der andere Weg ist notwendig. Wenn Arbeit und Stress keine Luft zum atmen lassen und dich zu erdrücken drohen, musst du träumen können, einfach loslassen und entspannen.

Dies ist nicht immer leicht. Zwei Beispiele aus der Praxis zeigen dir, wie schwierig es ist, Gedanken zu vertreiben, einfach mal loszulassen.

Ein junger erfolgreicher Geschäftsmann, Inhaber eines mittelständischen Unternehmens, ist ständig anwesend und jederzeit für seine Mitarbeiter ansprechbar. Er arbeitet ohne Zweifel 60 bis 70 Stunden pro Woche. Eines Tages sagte er: „Ich fahre mal 14 Tage zum Segeln. Ich brauche Abstand von dem ganzen Stress, damit ich wieder klar denken kann." Gesagt, getan. Doch nach vier Tagen war er wieder im Geschäft und erzählte mir ausführlich von seinem Kurzurlaub. „Am ersten Tag war es wunderbar, das Wasser, der frische Wind und die absolute Ruhe. Abends ein gemütliches Essen mit Segelfreunden und dann einfach nur schlafen, ohne an Termine für den nächsten Tag zu denken. Am zweiten Tag ging es nach einem ausgiebigen Frühstück wieder hinaus aufs Wasser. Doch gegen Mittag wurde die Stille für mich schon unheimlich. Ich fühlte mich irgendwie verloren. Dann kamen plötzlich hundert Gedanken auf mich zu, zunächst wie kleine Funken, dann wie starke Blitze, um mir zu sagen: *du verschwendest deine Zeit, im Büro gibt es viel zu erledigen..* Meine Freude am Segeln war natürlich wie weggeblasen. Darum bin ich wieder hier."

Im zweiten Fall ging es um einen sehr umfangreichen Organisationsauftrag, der die Beteiligten bis zur äußersten Konzentration in Anspruch nahm. In der Kaffeepause sagte einer der anwesenden Herren: „Die stundenlange Konzentration um die komplizierten Arbeitsabläufe zu besprechen und zu ordnen ist ja nicht so schlimm. Doch wenn ich abends zu Hause im Sessel sitze, kann ich nicht abschalten. Die Gedanken gehen mir durch den Kopf, und ich kann es nicht ertragen, wenn meine Frau und die Kinder mich ansprechen. Es ist schwer, umzuschalten und in die Welt meiner Familie einzutauchen, die Fröhlichkeit oder auch Traurigkeit mit ihnen zu teilen."

Die Beispiele unterscheiden sich zwar von der Sache her, doch im Wesentlichen zeigen beide Vorgänge die Unfähigkeit, loslassen zu können. Person und Sache sind zu einer Einheit verschmolzen, die sich belastend auf die Psyche der Beteiligten auswirkt. Loslassen können, Distanz üben, ist notwendig für den kreativen Fortschritt der Arbeit. Wer zu nah an einer Sache klebt, verliert die kritische Urteilskraft. Abstand wahren macht frei und schärft den Blick für die Details.

Distanz zur Sache halten heißt ja nicht, du sollst deinen Job nicht lieben und deine Arbeit praktisch als dein Hobby betrachten. Im Gegenteil, wenn du deine Arbeit gerne machst, wirst du gute Ergebnisse erzielen mit dem Gefühl, nicht nur für die Firma eine Leistung zu vollbringen, sondern auch für dich, für dein Selbstwertgefühl und die innere Zufriedenheit, weil du deine Aufgaben meistern kannst.

Wichtige Bereiche für das ständige Üben und Überdenken von Distanz und Nähe sind Partnerschaften und enge Freundschaften. Seit eh und je beschäftigen sich Philosophen, Psychoanalytiker und Soziologen mit dem seltsamen Phänomen der Liebe und den partnerschaftlichen Beziehungen. Die Ratschläge haben aber scheinbar wenig Erfolg.

Jede Partnerschaft muss ausschließlich aus sich heraus und immer wieder aufs Neue alle Höhen und Tiefen des Zusammenlebens aufarbeiten, ständig getrieben von der inneren Dynamik der unterschiedlichen menschlichen Persönlichkeiten.

So wie jeder Mensch ein ganz besonderes einmaliges Wesen ist, gibt es auch keine Partnerschaft, die mit einer anderen zu vergleichen ist.

Auch wenn man sagt: *„Menschen sind kaum mehr als lebendiger Lehm, den der erstbeste böse Geist formen kann,"* scheint es in den Partnerschaften doch ein Problem zu geben mit der gegenseitigen Formbarkeit.

Hierfür sprechen viele Gründe: Es können zum Beispiel zwei „böse Geister" aufeinander treffen, die sich das Leben gegenseitig schwer machen, oder es begegnen sich zwei nicht geformte Wesen, die noch nicht erwachsen genug sind, einfache tägliche Aufgaben alleine zu lösen. Es gibt verschiedene Arten von Liebe, und es gibt viele verschiedene Menschentypen. Nur wenn zwei Menschen die übereinstimmenden Bezugspunkte finden, können sie glücklich werden.

Du wirst aber Schwierigkeiten mit der Liebe haben, wenn du unfähig bist, die Spannung zu ertragen zwischen dem, was du bist, und dem, was du gerne sein möchtest. Wenn du darauf bestehst, so behandelt zu werden, als wärst du bereits das, was du dir einbildest, wirst du kein Gefühl dafür entwickeln, wann dein Partner Freiraum wünscht und wann er deine Fürsorge benötigt. Du erkennst nicht, dass du auch in Liebe und Partnerschaft den Umgang mit Distanz und Nähe üben musst.

Das Wechselspiel zwischen liebevoller Fürsorge für den Partner und die taktvolle Gewährung von angemessenen Freiräumen wird bestimmt von deinem persönlichen Entwicklungsstand. Er entscheidet im Wesentlichen das Schicksal der erwachsenen Liebe und einer harmonischen Partnerschaft.

# 6. Zügele deinen Neid

Der Neid kann sich nicht verbergen.
Er klagt an und verurteilt, ohne
Beweise zu haben.
(Marquis de Vauvenargues)

In seinen 1746 veröffentlichten *Reflexionen und Maximen* schreibt de Vauvenargues weiter: „Der Neid übertreibt die Fehler, er hat maßlose Namen für die geringsten Irrtümer. Seine Sprache ist voll Bitterkeit, Übertreibung und Missgunst. Mit unerbittlichem Hass und rasender Wut stürzt er sich auf jedes wirkliche Verdienst. Er ist blind, jähzornig, gefühllos und brutal"

Du bist erstaunt über eine so negative Darstellung eines Gefühls und sagst: „Ich bin aber nicht neidisch." Ich rate dir aber: Zügele deinen Neid, und nicht: sei niemals neidisch. Neid war zu allen Zeiten unter den Menschen verbreitet, und auch das gegenwärtige menschliche Miteinander mit Problemen in allen Lebensbereichen ist mit Sicherheit ein guter Nährboden für diese zerstörerische Leidenschaft.

Es gibt wohl kaum einen Menschen, der restlos frei ist von neidischen Anwandlungen. Obwohl er es nicht eingestehen wird, frisst und nagt es manchmal in seinem Herzen. Auch Intelligenz schützt nicht vor diesen Attacken, denn der Stachel des Neides sitzt im Herzen und nicht im Gehirn.

Wo immer du dich aufhältst und hinschaust, findest du einen Anlass oder Grund, aus tiefstem Herzen neidisch zu sein. Außer du hast bereits eine gewisse Portion Weisheit erreicht und deine Selbstverwirklichung in einem so großen Maß kultiviert und gefestigt, dass du mit Wohlwollen und Achtung die Lebensart und Lebensumstände deiner Mitmenschen hinnimmst.

Wenn du deine Umwelt aufmerksam und kritisch beobachtest, wirst du feststellen, dass Neid in der Regel unter Menschen mit gleichen Bezugspunkten vorkommt. Ein Landwirt wird wohl kaum neidisch sein auf den Erfolg eines Rechtsanwalts. Aber er wird es nicht ohne Neid hinnehmen, wenn die Sonnenblumen des Nachbarn gesund und kräftig leuchten, seine aber klein und kränklich sind. So ist es auch mit dem Wachsen und Gedeihen aller übrigen Feldfrüchte und den Tieren.

Neid ist ein seltsames Phänomen. Er wächst mit all seinen hässlichen Formen in dem Maße, wie Reichtum und berufliche und gesellschaftliche Erfolge wachsen. Zum Beispiel beobachten Rechtsanwälte und Ärzte ihre Kollegen wie der Fuchs den Hasen und passen auf, dass sie ihnen in Macht und Ansehen nicht davon laufen. Ebenso ist es bei vielen anderen angesehenen Berufsgruppen.

Als kritischer Beobachter mit einer guten Menschenkenntnis wirst du aber feststellen, dass eine angemessene Portion Neid förderlich sein kann für Eigenmotivation und damit für die Steigerung der fachlichen Qualifikation. Wichtig ist allerdings, dass Neid nicht ausartet in Missgunst und Hass. Darum sage ich dir: zügele deinen Neid, dulde aber keine Missgunst und keinen Hass.

Wir hatten festgestellt, dass für das Aufkommen von Neid gemeinsame Bezugspunkte Voraussetzung sind. Darum betrachten wir einmal das Maß an Neidgefühlen in unterschiedlichen Gesellschaftsschichten im Zusammenhang mit der Theorie der Bedürfnis-Hierarchie von *A.H. Maslow*.

Maslow teilt die Bedürfnisse der Menschen in fünf Stufen ein. Erst wenn ein Bedürfnis befriedigt ist, entsteht der Wunsch nach neuen Bedürfnissen. Auf der ersten Stufe finden wir die Existenzbedürfnisse wie Essen, Trinken, Obdach und Kleidung.

Die zweite Stufe spricht von Sicherheitsbedürfnissen wie Arbeit, finanzielle Versorgung und Absicherung bei Krankheit und im Alter.

Diese zwei Stufen sind die Defizitmotive. Wenn die Bedürfnisse auf diesen beiden Ebenen nicht befriedigt werden können, entsteht ein Mangel wie zum Beispiel Obdachlosigkeit und Arbeitslosigkeit. Menschen auf dieser Ebene haben kaum Bezug zu starken Neidgefühlen. Ihr ganzes Tun und Trachten besteht darin, nicht zu verhungern oder zu erfrieren. Es fehlt auch meistens der Antrieb, sich aus eigener Kraft von Not und Elend zu befreien. Wenn sie noch einigermaßen zurecht kommen, können sich Wut und Zorn aufbauen. Neidgefühle entstehen aber nicht, da ohne die Befriedigung der Grundbedürfnisse keine Wünsche nach Weiterentwicklung aufkommen können. Der Bezug zu höheren Bedürfnissen, zu den Wachstumsmotiven ist nicht vorhanden.

Für Menschen auf Stufe drei der Bedürfnisleiter findest du schon bedeutend mehr Bezugspunkte, so richtig neidisch zu sein. Hier geht es um die sozialen Bedürfnisse, die Integration in Gemeinschaften, Gruppen und Kooperationen aller Art. Wie du dir gut vorstellen kannst, ist dieser Bereich ein sehr breites Feld, um neidvoll auf den einen oder anderen Freund, auf Vereinsmitglieder, Mitschüler oder Arbeitskollegen zu schauen.

In der Schule bist du nur einer von vielen Schülern. Du hast das Gefühl, der Lehrer beachtet dich nicht genug und bevorzugt regelmäßig andere Kinder. Im Sportverein bist du immer nur Mittelmaß, dein Freund bekommt oft Auszeichnungen.

Im Betrieb wird deine gewissenhafte Arbeit nicht genügend honoriert, weil du ruhig und bescheiden bist. Die anderen, redegewandt und heuchlerisch, ernten die Lorbeeren. So ergeht es dir auch im privaten Bereich. Bei Familienfeiern und auf Partys mit Freunden und Bekannten fühlst du dich immer nur als Mitläufer.

In diesem Bereich der sozialen Bedürfnisse ist der Kontakt zu Gleichgesinnten in Gruppen und Gemeinschaften sehr intensiv. Es ist daher unausweichlich, dass du ständig auf etwas oder auf jemanden neidvoll blicken kannst.

Nicht immer und überall wirst du der Beste sein. Schule, Beruf, Sport und andere Gemeinschaften sind grundsätzlich leistungsorientiert. Darum wirst du immer wieder in deinem Herzen das nagende Gefühl spüren, weil du andere als überlegen wahrnimmst. Du glaubst, sie haben dir in einer oder mehrfacher Hinsicht etwas voraus, was du gerne besitzen möchtest. Dieser Mangel macht dich neidisch und plagt dich wie ein Gespenst.

Doch Neid ist kein so großes Ungeheuer, dass du es nicht bezwingen könntest. Neideffekte entstehen nur aus dem Gefühl des eigenen Versagens oder der eigenen Benachteiligung heraus im Vergleich mit anderen. Wenn du jemanden beneidest, gestehst du dir ein, dass du im Voraus verloren hast. Hiermit vergiftest und zerstörst du dich aber selbst und bringst dein Seelenheil in Gefahr. Du wirst blind für das Unheil, das dir droht.

Was kannst du für dich tun? Höre auf, dich ständig mit anderen zu vergleichen. Ein kleines Objekt lässt immer im Vergleich ein großes Objekt noch größer erscheinen. Du unterliegst beim Vergleich immer einer Täuschung, zumal du ja stets nur einen Bruchteil der Vergleichsobjekte siehst und nicht die Gesamtheit mit allen Vor- und Nachteilen, Stärken und Schwächen.

Verliere dich also nicht in Vergleichen, sondern konzentriere dich auf deine Welt. Deine Welt bist du und deine Aufgabe ist es, diese Welt frei zu halten von blutsaugenden Ungeziefer und von Giftschlangen wie Hass, Eifersucht, Rachbegierde und Neid.

Natürlich verspürst du in der einen oder anderen Lebenslage immer wieder mal einen kleinen Stachel. Gift in kleinen Mengen betrachte als heilbringende Medizin. Stärke und fördere damit deine Kreativität und Motivation auf deinem Weg zur Selbstverwirklichung.

Dies kann zwar ein langer und beschwerlicher Weg werden, der immer wieder Motivation und Disziplin von dir verlangt.

Die Selbstverwirklichung ist die fünfte und letzte Stufe auf der Leiter der Bedürfnispyramide. Wenn du hier angekommen bist, sind deine Wachstumsmotive erfüllt. Du hast einen gewissen Grad an Weisheit, Weitsicht und Zufriedenheit erreicht. Mit Neidgefühlen plagst du dich nicht mehr. Bei der Selbstverwirklichung stehen immer die sozialen Bedürfnisse im Vordergrund.

Die Ich-Bedürfnisse auf der Stufe vier der Bedürfnishierarchie sind dagegen geprägt von dem Streben nach Selbstwertbewusstsein, Geltung und Prestige. Wenn aber der Drang nach Geltung so dominant wird, dass absolutes Machtstreben vorliegt, kann man wohl von einer Entartung der Selbstverwirklichung reden.

Doch bleiben wir bei den „normalen" Ich-Bedürfnissen mit einem gesunden Maß an Streben nach Geltung und Ansehen. In diesem Bereich triffst du die Menschen der mittleren und oberen Führungsschicht in Betrieben, Behörden und Verbänden und auch in Universitäten, Hochschulen und bei allen freiberuflich Tätigen.

Zu einem hohen Prozentsatz sind auf dieser Ebene auch die „nur" Reichen ohne feste Lebensaufgabe und ohne Sorge um die eigene Existenz angesiedelt.

Bei diesen Menschen ist *neidisch sein* und andere *neidisch machen* ein richtiges Gesellschaftsspiel. Der teurere

Pelzmantel, ein neuer Sportwagen und eine attraktive Begleiterin auf der Party werden erst zum genussvollen Besitz, wenn bei den Freunden und Bekannten genügend Neid erweckt werden kann. Wenn dann auch noch ein beruflicher Erfolg oder eine wichtige Beförderung so geschickt mitgeteilt wird, dass Freunde und Bekannte vor Neid erblassen, fühlt der Beneidete ein angenehmes Lustgefühl der Erhabenheit. Sein Leben ist ausgerichtet auf Bewunderung und Anerkennung, doch seine Seele ist hohl und leer. Es zählen nur Äußerlichkeiten und materielle Werte. In Wirklichkeit sind diese Menschen oft einsam und unzufrieden. Sie kennen keine Dankbarkeit, Loyalität, Freundschaft und wahre Liebe. Nicht selten beruht dieser Drang nach *besser sein wollen* auf einem Mangel an Verständnis und Geborgenheit in der Kindheit. Den Rückhalt in sich selbst haben sie nie gefunden. Darum lassen sie sich leiten von Äußerlichkeiten, von der Begierde nach Macht und Glanz. Sie sind nur Angeber. Trotzdem wecken sie bei vielen Menschen in ihrer Umgebung die hässlichen Neidgefühle. Viel zu leicht lassen sie sich blenden von der Heuchelei und vergessen ihre guten Vorsätze und die wirklichen Werte im Leben: ein gutes Herz, Gesundheit der Seele und des Leibes.

Du fragst: „Wie kann ich mich vor einer Gesellschaft mit Neidern und Heuchlern schützen?" Ein Weg ist, suche deinen Rückhalt in dir selbst, und sei mutig genug, Gesellschaften zu meiden, die dir zuwider sind.

Ein angesehener Arzt erzählte mir von einer Geburtstagsparty eines guten Freundes. Viele andere Kollegen waren eingeladen. Nicht wenige der Gäste nutzten diese Gelegenheit, so richtig zu glänzen und sich hervor zu tun. Jeder wollte besser sein und mehr wissen und haben als der andere. Mein Gesprächspartner war zutiefst betroffen und angewidert von dieser Angeberei und verließ die Gesellschaft vorzeitig, nach Rücksprache mit seinem Freund. Er meinte, warum müssen wir uns wie eine Horde Affen benehmen und uns ständig auf die Brust klopfen, um unsere Stärke zu demonstrieren?

Besonders viele Neider werden auf dich blicken, wenn du zu den erfolgreichen Emporkömmlingen gehörst, oder wenn du durch ein plötzliches Ereignis in andere Lebensverhältnisse aufsteigen kannst. Der Neid trifft dich dann von zwei Seiten.

Die ehemals über dir Stehenden sehen den Abstand geringer werden und beobachten dich mit Argwohn.

Die alten Freunde sind neidisch auf dich, weil du schneller nach oben gekommen bist. In dieser Situation wirst du auf Dauer nicht allen gerecht werden können und trotz guter Vorsätze und Diplomatie den einen oder anderen Weggefährten zurück lassen müssen. Auch wenn es manchmal schmerzhaft ist, auf deinem persönlichen Weg zur Selbstverwirklichung kannst du niemanden mitnehmen, der nicht aus eigenem Antrieb dazu bereit ist.

Selbstverwirklichung heißt, du brauchst keine Vergleiche mit anderen und lässt dich nicht von außen bestimmen. Du bist dir selbst genug und kannst ohne Schaden für dein Wohlergehen ohne Bedenken auch mal neidisch sein und doch zugleich gelassen bleiben.

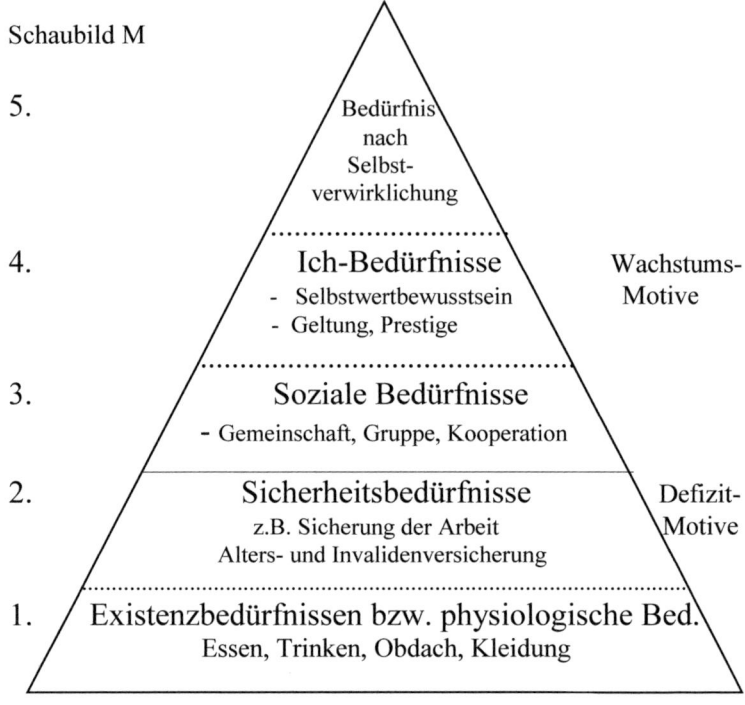

Schaubild M

5. Bedürfnis nach Selbstverwirklichung

4. Ich-Bedürfnisse
- Selbstwertbewusstsein
- Geltung, Prestige

Wachstums-Motive

3. Soziale Bedürfnisse
- Gemeinschaft, Gruppe, Kooperation

2. Sicherheitsbedürfnisse
z.B. Sicherung der Arbeit
Alters- und Invalidenversicherung

Defizit-Motive

1. Existenzbedürfnissen bzw. physiologische Bed.
Essen, Trinken, Obdach, Kleidung

A.H. Maslow: Theorie der Bedürfnis-Hierarchie

Es gibt wohlhabende Menschen, die ihr Vermögen vor Neidern verstecken und abgesichert und zurückgezogen leben. Doch warum soll ein Mensch nicht vermögend sein, wenn er nur nicht der Sklave seines Geldes wird: Zum Schein zur Schau gestellte und erzwungene Armut ist kein Verdienst. Ehrenvoll ist es aber, die Geldbörse zum allgemeinen Wohl und zur Unterstützung der Armen zu öffnen.

Der Geldschrank soll ja nicht immer offen stehen, doch er soll sich zu gegebenen Anlässen leicht öffnen lassen. Dann müssen auch Reiche keinen Neid befürchten.

# 7. Bekämpfe deine Angst

Die Phantasie der Angst ist jener
böse, äffische Kobold, der dem
Menschen gerade noch auf den
Rücken springt, wenn er schon
am schwersten zu tragen hat.
(Friedrich Nietzsche)

Angst ist stets eine Reaktion auf eine eingebildete Bedrohung. Keine Gefahr ist erkennbar. Die Angstgefühle entstehen ausschließlich in deinen Gedanken und Vorstellungen und der falschen Bewertung von nicht vorhandenen Ereignissen. Die Horrorvorstellungen sind nichts als Fantasiegebilde, die bei dir körperliche Beschwerden auslösen können, wie Herzklopfen, Zittern, Atemnot, Schwitzen und vieles mehr. Du gestehst dir aber die Angst als Auslöser für deine körperlichen Beschwerden nicht ein und gehst zum Arzt. Anschließend bist du enttäuscht, weil dein Arzt dir bescheinigt, dass du kerngesund bist.

Die Angst wird zur quälenden Beengung deiner Gefühlswelt. Klare Gedanken verlieren die Kontrolle über deine Psyche, wenn das Ungeheuer Angst durch deinen Körper schleicht.

Zwei persönliche Erlebnisse, geschehen vor über einem halben Jahrhundert, sollen dir ein wenig den Unterschied zwischen Angst und plötzlichem Erschrecken und Furcht verdeutlichen.

Für meinen täglichen Weg zum Schulbus konnte ich zwei unterschiedliche Strecken wählen, entweder entlang der Straße, gut 30 Minuten, oder die Abkürzung durch den Wald, oberhalb der Straße, der nur 20 Minuten meiner knappen Zeit beanspruchte. In der Regel gingen wir durch den Wald, auch wenn wir allein unterwegs waren.

Diese Strecke wurde aber inzwischen gemieden, vor allem von weiblichen Personen, denn ein paar Wochen vor meinem persönlichen Angsterlebnis wurde ein 16jähriges Mädchen ermordet im Wald aufgefunden. Der Mörder wurde gefasst. Wir hatten also nichts mehr zu befürchten und konnten die Abkürzung wieder gehen.

So marschierte ich auch eines Morgens alleine los. Es war noch dunkel und etwas nebelig. Die Zeit war wieder einmal knapp, ich ging also durch den Wald. Nach ein paar Minuten begann eine Angstattacke, die ich nie vergessen werde. Ganz plötzlich setzte der Verstand aus, jede Logik oder Rationalität war aus meinem Kopf verschwunden. All meine Sinne konzentrierte ich auf die Waldgeräusche. Jedes leichte Knacken und Rascheln erzeugte bei mir ein unbeschreibliches Gefühl der Lähmung und Anspannung, selbst die Geräusche der eigenen Schritte wurden zur Qual. Irgendwie kam ich trotzdem zur Bushaltestelle, ich weiß aber nicht wie. Ich weiß nur, dass ich diese Situation von plötzlicher Lähmung, ohne dass eine reale Gefahr vorlag, nie vergessen werde.

Ich habe aber die Sache gut überstanden und diese Erfahrung hat mir auch geholfen, meine Angst zu beherrschen und andere Menschen mit Angstgefühlen zu verstehen.

Das zweite Erlebnis geht in Richtung Schreck und Furcht. Ebenfalls ein paar Wochen nach diesem Mord ging ich mit zwei anderen Kindern, einem Mädchen und einem Jungen, in den Wald zum Pilze suchen. Es war ein Tannenwald mit ziemlich dichtem Gestrüpp an einem steilen Hang. Wir waren sehr erfolgreich, fanden viele schöne Steinpilze und Pfifferlinge und unterhielten uns fröhlich. Plötzlich rief der Junge: „Da oben ist ein Mann mit einem Messer." Wie von der Tarantel gestochen rannten und rutschten wir den Hang hinunter durch das dichte Gestrüpp. Unten am Weg angekommen, hatten wir zwar noch unsere Körbchen, aber die meisten Pilze waren weg. Wir klopften den Walddreck ab und lachten erst einmal aus Erleichterung und Befreiung von dem plötzlichen Schreck. Der Mann war wohl nur ein Pilzsammler. Wir hatten ja auch schöne blanke Messer bei uns.

Die beiden Ereignisse von Angst und Schreck unterscheiden sich vor allem darin, dass Angst lähmt und der Schreck oder die Furcht vor irgendetwas in der Regel eine spontane Reaktion und ungeplante Handlung folgen lässt. In welcher Lebenssituation befindest du dich gerade? Welche Ängste können dich in die Fänge nehmen? Plagt dich die Angst vor einer Prüfung oder vor dem Verlust deines Arbeitsplatzes? Hast du Angst, über eine Brücke zu gehen, mit dem Auto zu fahren, in einen Fahrstuhl zu steigen, mit dem Flugzeug zu fliegen oder Kaufhäuser zu betreten? Wie steht es bei dir mit der Angst vor Tieren, Angst vor Stress und Angst vor dem Alter?

Mach dir nur keine Sorgen wegen deiner Ängste, geh einfach zum Arzt und lass dich nach den Richtlinien der Internationalen Krankheitsklassifikation (ICD – International Classification of Diseases) in eine für dich zutreffende Gruppe einordnen und in die entsprechende Schublade stecken. Damit bist du ordnungsgemäß als krank eingestuft und kannst nun deinen Ängsten freien Lauf lassen. Die Klassifikation kann unter anderem nachgelesen werden im Internet unter www.angst-auskunft.de.

Du kannst aber auch einen ganz anderen Weg wählen: Täglich Disziplin üben, dein Selbstwertgefühl festigen und damit deine innere Harmonie zwischen Geist, Gehirn und Psyche auf ein stabiles Fundament stellen. Über das Ergebnis wirst du überrascht sein und die kommenden Angstattacken gelassen entgegensehen und ohne Schaden überstehen.

Angstgefühle werden dich so lange du lebst mal mehr oder weniger stark überfallen. Hierfür musst du dich in keiner Weise rechtfertigen.

Die Angst gehört zu der Grundausstattung unserer Gefühle und kann sogar gesund sein, wenn sie uns in einen Alarmzustand versetzt und damit bewirkt, dass wir Gefahren mit der notwendigen Aufmerksamkeit begegnen. Leben heißt kämpfen. Als gut gerüsteter Krieger musst du keinen Kampf scheuen und vor Gefahren davon laufen. Deine Wahrhaftigkeit, Standfestigkeit und dein gesundes Selbstwertgefühl werden dich zum Sieg führen.

*Seneca* schreibt: „Nur dann ist ein Baum fest und widerstandsfähig, wenn er oft vom Wind gezaust wird, denn gerade infolge dieser heftigen Bewegungen wurzelt er tiefer und klammert sich mit seinen Wurzeln fester an. Bäume, die in einem heiteren Tal wachsen, sind nicht so widerstandsfähig. Es geschieht also im eigenen Interesse der guten Menschen, wenn sie oft in gefährliche Situationen kommen. Unerschrockene Kämpfer sollen aus ihnen werden. So lernen sie Schicksalsschläge mit Gleichmut zu ertragen, denn nur für einen, der solche Schläge nicht zu ertragen weiß, sind sie vom Übel."

Förderlich für deine Gesundheit ist es mit Sicherheit, wenn du eine angemessene Portion Angst empfindest vor zu vielen Medikamenten und Therapien. Es gibt kein Medikament mit einer guten Wirkung, das nicht auch eine Nebenwirkung für dich mit sich bringt. So wirst du immer abhängiger von ärztlicher Betreuung – davor solltest du wirklich Angst haben.

Die Abhängigkeit, in welcher Weise auch immer, betäubt deinen freien Willen und lähmt deine Lebensfreude. Du verlierst den Kontakt zu deinem ursprünglichen Wesen und lebst nicht mehr im Einklang mit dir und der Natur.

Du hast Angst vor einer scheinbar wichtigen Prüfung? Was soll das? Eine Prüfung ist kein Angriff auf dein Leben oder eine Bedrohung deiner Gesundheit. Eine gewisse Aufregung und Anspannung ist vor jeder Prüfung normal und natürlich. Ohne Aufregung nimmst du ja eine Prüfung oder einen öffentlichen Auftritt nicht ernst. Doch mit der notwendigen Sorgfalt bei der Vorbereitung und mit deiner Fachkompetenz musst du keine Angst haben.

Selbst ein Misserfolg lässt die Welt nicht zusammenbrechen, die Uhr tickt einfach weiter. „Es gibt keinen Zufall, selbst das scheinbar Zufälligste ist ein auf weitem Wege herangekommenes Notwendiges." Vielleicht warst du noch nicht reif genug für diese Prüfung, oder es gibt eine bessere Aufgabe für dich. Hierfür war die nicht bestandene Prüfung lediglich eine wichtige und nützliche Erfahrung.

Wie ist es bestellt mit deinem Sicherheitsbedürfnis? Hast du Angst vor Terroranschlägen, Unwetter, Erdbeben oder Feuer? Lies hierzu einen Spruch der arabischen Nomaden: „Wir können das Sicherheitsbedürfnis bis zu dem Punkte treiben, wo der Mensch sich den Mäusen gleichstellt, deren Selbsterhaltung in der Enge der Löcher liegt, in die man sich zurückzieht." (*Walter R. Fuchs,* „Und Mohammed ist ihr Prophet – Die Araber und ihre Welt")

Sicherheit ist immer subjektiv, das heißt, sie ist abhängig von deiner persönlichen Erfahrung, von deinem persönlichen Angstpegel, von der veröffentlichten, oft einseitigen und unsachlichen Meinung, von den politischen Rahmenbedingungen und von aktuellen Ereignissen. Aus einem englischen Bericht habe ich frei übersetzt:

„Terroranschläge sind sehr selten. In der Tat so rar, dass die Wahrscheinlichkeit, in einem Industrieland Opfer eines Anschlags zu werden, kaum existiert. Die meisten Anschläge ziehen nur wenige Menschen in Mitleidenschaft.

Der 11.September 2001 war statistisch gesehen nicht normal, es starben in den USA 2.978 Menschen durch den Terrorismus. Im gleichen Jahr starben 157.400 Amerikaner an Lungenkrebs, 42.116 bei Verkehrsunfällen und 3.454 an Unterernährung." (Quelle: www.schneider.com)

Anhand dieser Zahlen ergibt sich eine Frage, die zum Nachdenken anregen sollte: „Wovor musst du mehr Angst haben, vor Terroristen oder vor Zigaretten?"

Du hast auf deiner Lebensleiter das letzte Viertel deines Weges erreicht. Jetzt plagt dich die Angst, von der Leiter zu fallen und einfach im Nichts zu verschwinden.

Ein seltsames Phänomen der Menschen ist, dass jeder meint, er lebe ewig. Wie bringst du aber dein reales Leben mit dieser Vorstellung zusammen, wenn du es nicht einmal schaffst, in Würde und Gelassenheit jeden Tag als Geschenk anzunehmen und in Ruhe und Frieden zu genießen?

Du jammerst und klagst bei jedem Wehwehchen. Bei den geringsten Schmerzen in der Brust oder in der Seite hast du Angst vor einem Herzinfarkt. Du hast Angst vor der Einsamkeit, nicht mehr attraktiv zu sein, Falten zu bekommen, nicht mehr springen zu können wie ein junges Reh, einfach von der Fit & Fun - Gesellschaft vergessen zu werden.

Warum das alles? Mach deine Augen auf und schau dich kritisch um. Sicher wirkt es auch auf dich abstoßend, wenn du beobachtest, wie sich ältere Menschen abmühen, die ewige Jugend zu erhalten. Vor lauter Angst, nicht mehr im Mittelpunkt zu stehen, sehen sie nicht die Schönheit des Herbstes.

Fahre oder wandere im Herbst durch Täler und Höhen. Deine Seele wird sich öffnen beim Anblick der unbeschreiblichen Farbenpracht der Wälder. Du wirst erkennen: Erst im Herbst wird der Baum richtig schön. Besonders schön sind die alten Bäume mit tiefen Furchen in der Rinde und stark ausgebreiteter Krone. Daran musst du nicht herumstutzen, glätten und beschneiden. Die Pracht des Herbstes steht für sich, in der Natur und bei den Menschen.

*Ingmar Bergmann* sagt: „Altwerden ist wie auf einen Berg steigen. Je höher man kommt, desto mehr Kräfte sind verbraucht, aber um so weiter ist die Sicht."

Schone also deine Kräfte, wenn du das Ende der Fahnenstange vor dir siehst und genieße die klare Sicht. Du wirst dann auch erkennen, dass viele Freunde sich um dich scharen, wenn du erfolgreich, jung und glücklich bist. Doch wenn dunkle Wolken über dich hinwegziehen, findest du dich ganz allein.

Wenn du besonders einsam bist und die Angst dich erdrücken will, dann erinnere dich: Das menschliche Leben währt nur einen Augenblick. Genieße diesen Augenblick und versuche herauszufinden, wie du dein Leben gestalten willst, ohne Angst vor Einsamkeit und ohne Angst davor, eines Tages sterben zu müssen.

*Seneca* sagt: „Der Menschengeist kann erst recht nicht über andere Dinge ins klare kommen, solange er die Untersuchungen über sich selbst noch nicht abgeschlossen hat."

Besser wirst du nur in der Einsamkeit. Die Stille abseits der turbulenten Gesellschaft bietet dir Schutz und Raum, die Untersuchungen über dich abzuschließen. Dann verstehst du auch die Worte von

*Heinrich Heine (Buch der Lieder):*

„Anfangs wollt' ich fast verzagen,
    und ich glaubt', ich trüg' es nie;
    und ich hab es doch getragen –
    Aber fragt mich nur nicht: wie?"

# 8. Verachte Geltungssucht

Bewahret jede menschliche Regung
auf euerem Lebensweg und achtet behutsam auf die Schätze des Herzens,
dass sie euch unterwegs nicht abhanden kommen, denn einmal verloren,
findet ihr sie niemals wieder.

(Nikolay Gogol)

Die Sehnsucht nach Anerkennung und Beachtung ist
menschlich, daher ist es nicht verkehrt, ein gewisses Maß
Geltungsbedürfnis zu empfinden. Diese Bedürfnisse nach
Anerkennung und nach Wahrnehmung deiner Person von
der Gesellschaft sind für dich wichtige Motivationsfakto-
ren. Du willst ja nicht in einer selbstzufriedenen Gleichgültigkeit still und stumm herumsitzen und verkümmern,
sondern leben, dass heißt, in der Gesellschaft etwas bewirken und erreichen. Dies funktioniert nur, wenn du als eigene Persönlichkeit mit deinem Wirken und Wollen akzep-
tiert und anerkannt wirst.

Ich rate dir aber, gib Acht, dass du auf dem Weg zu deiner persönlichen Entfaltung nicht vom rechten Weg ab-
kommst und „die Schätze deines Herzens dir unterwegs
abhanden kommen." Dein Leben ist lang, wenn du es zu
nutzen weißt, doch wenn deine Sehnsucht nach Anerkennung zur Geltungssucht wird, ist dein Streben nach Macht
und Ansehen unersättlich und hält dich gefangen. Je besser du im Beruf und in den vielseitigen gesellschaftlichen
Beziehungen vorwärts kommst, umso egoistischer und
ehrgeiziger wirst du und entfernst dich immer weiter von
der zentralen Aufgabe deines Daseins – einfach Mensch
zu sein.

Du glaubst, mit Ansehen und Macht geht es immer nur vorwärts, in Wirklichkeit geht es unaufhaltsam rückwärts. Je weiter du nach vorne strebst, um so tiefer wirst du fallen und dich wiederfinden in Einsamkeit und Resignation, gemieden und verachtet von ehemaligen Freunden und Bekannten. Wenn du am Boden liegst, reicht dir niemand die Hand zur Hilfe. Sie werden noch Freude dabei empfinden, dich zu treten und zu demütigen.

Das Wachsen und Gedeihen von Geltungssucht hat wohl zwei unterschiedliche Ursachen. Aufgrund deiner überdurchschnittlichen Begabung und einer nicht zu unterschätzenden Lobby steigst du auf der Karriereleiter rasch nach oben. Du findest schnell Gefallen daran, Macht auszuüben und Reichtum zu vermehren. Intelligenz geht aber nicht unbedingt Hand in Hand mit Charakterstärke. Deine blinde Begierde nach immer mehr Macht und Ansehen wird zur Habsucht und tötet deine inneren Werte.

Der Weg nach oben war zu schnell und zu steil, er nahm dir den Spielraum, die in jedem Menschen angelegten guten Eigenschaften zu fördern und zu festigen. Jetzt handelst du rücksichtslos und schreckst nicht davor zurück, dein besseres Wissen falsch einzusetzen, nicht zur Förderung der Allgemeinheit und des humanen Umgangs miteinander, sondern nur für deine eigenen Vorteile. Dein Machtstreben und Machthunger werden unersättlich und du scheust nicht mehr davor zurück, andere Menschen zu zerstören; Menschen, die dich eine lange Wegstrecke unterstützten und liebevoll begleiteten.

Machtstreben und Geltungssucht sind aber nicht angeboren, die Umstände deines Lebens bestimmen maßgebend dein Verhalten und die negative oder positive Entwicklung deiner Persönlichkeit. Darum sei stets wachsam und beobachte das Geschehen um dich herum aufmerksam und kritisch, übe täglich Disziplin und stärke dein Selbstwertgefühl. Die zweite Ursache für ein übersteigertes Geltungsbedürfnis beruht nämlich auf einem zerstörten oder gar nicht aufgebauten Selbstwertgefühl.

Aus deinem Inneren kommt kein Echo, du fühlst dich leer, unsicher und minderwertig, niemand mag dich, niemand beachtet dich und niemand liebt dich. Deine Bedürfnisse nach Zuwendung und Anerkennung werden nicht gestillt, es entsteht ein gravierender Mangel für deine persönliche Entfaltung. Du möchtest aber teilhaben am Leben und versuchst, diesen Mangel und all die unbefriedigten Bedürfnisse auszugleichen durch bewusst produzierte Prahlerei, Überheblichkeit und Stolz. Deine Geltungssucht geht einher mit Gefallsucht und Rücksichtslosigkeit.

Um deine Bedürfnisse nach Anerkennung zu stillen, bist du sogar bereit, dich zu verkaufen. Einerseits wirst du unterwürfig und abhängig, vermeidest Konflikte und erkaufst dir das Wohlwollen anderer Menschen, andererseits kennt dein Ehrgeiz keine Grenzen, schneller, besser und klüger zu sein.

In deiner inneren Zerrissenheit empfindest du keine Schuldgefühle, wenn du anderen Menschen Schaden zuführst. Deine Sucht nach Geltung hat deine Seele getötet und in deinem Kopf einen grausamen Mechanismus ausgelöst, dem alle Mittel recht sind, diese Sucht zu befriedigen.

Wie findest du nun aus dieser Situation wieder heraus oder was kannst du tun, um es gar nicht erst so weit kommen zu lassen?

Hast du einen kranken Körper, zum Beispiel ein gebrochenes Bein, hohes Fieber oder Magenbeschwerden, wirst du dies akzeptieren, dich zurückziehen und deinen Körper in Ruhe pflegen. Ist aber deine Seele voller Eiterbeulen wie Geiz, Rücksichtslosigkeit, Machtbesessenheit und

Geltungssucht, liegt dein größtes Bestreben darin, diesen Eiter über deine Mitmenschen auszugießen.

Doch gerade jetzt solltest du dich zurückziehen, Kritik an dir selbst üben und die Geschwüre in deiner Seele ausheilen lassen. Berühmt sein und anerkannt werden, bedeutet nicht Zufriedenheit und Klarheit. Es geht nur um Schein und Schau, du jagst hinter einem Phantom her. Zur Erreichung deiner persönlichen Vorteile kennst du keine Skrupel, Schlechtes zu tun oder zu verschulden. Du musst aber wissen, diese Handlungen aus niedrigen Beweggründen nimmt dir niemand ab, du musst sie selbst ertragen und irgendwann dafür büßen, sie werden dich nicht loslassen und dich von innen zerfressen.

Es wird dir viel Mühe bereiten, mit dir selbst vor Gericht zu gehen, dich aufzuarbeiten und zu deinen Taten zu stehen. Vielleicht wirst du krank, verlierst viel Geld oder erleidest irgendein Unglück. Du jammerst und klagst dann nur und wirst nicht verstehen, dass die Ursache für dein Unglück in deinen eigenen Handlungen liegt.

Nur wenige Menschen werden Opfer von Leid und Sorgen. Viele Menschen suchen das Elend und halten es fest. Geltungssucht ist ein solches Elend, auch ein sehr starker Eigensinn; beide solltest du fürchten und wieder los werden.

Schau dich um, wo begegnet dir Geltungssucht? Du musst nicht lange suchen: Kalt, rücksichtslos und betrügerisch wächst und gedeiht sie in allen Bereichen der Gesellschaft, in der Wirtschaft, in der Politik, in Schulen und Vereinen und natürlich auch in der Medien- und Theaterwelt. Wo immer du hinschaust, wirst du sehen, für Macht, Geld und Anerkennung wird getrickst und betrogen mit allen möglichen Mitteln.

Im Sport mit Doping und unehrlichen Absprachen, in wohl allen Bereichen der Gesellschaft mit Mobbing und inoffiziellen Machenschaften, in der Politik mit verlogenen Sprüchen und Machtkämpfen.

Dies alles geschieht, weil die Menschen nicht zufrieden sind mit der selbst erbrachten Leistung, die eigene Bestätigung sich selbst gegenüber reicht nicht aus. Was gesucht wird, ist der äußere Glanz, der übertriebene Drang nach Bestätigung und Anerkennung von der Masse. Sittliches Verhalten und Pflichtbewusstsein sind für geltungssüchtige Menschen nur Ballast, der schnell abgeworfen wird.

Bedenke darum, Geltungssucht zerstört nicht nur andere Menschen in deiner Umgebung, sondern auch deine Seele. Macht und Reichtum, Gold und Silber wärmen dich nicht, wenn du frierst und schützen dich nicht vor Schicksalsschlägen.

„Wenn ein Mensch sein Herz an äußere Dinge gehängt hat, so gleicht er, zwingt man ihn dazu, sie aufzugeben, einem Affen, der plötzlich keinen Baum mehr hat: Er hat dann nichts, das ihm eine Heimstatt bietet." Lu Dschingüen (I.490)

Am 17.11.2005, wurde in Berlin ein junger Schiedsrichter zu zwei Jahren und fünf Monaten Gefängnisstrafe verurteilt. Mit seiner Geldgier und Geltungssucht hat er den Baum, auf dem er saß, selbst abgesägt und damit sein Leben zerstört. Sein schwacher Charakter stürzte ihn in einen trügerischen, vernichtenden Traum von Glück und Reichtum.

Darum sei wachsam und betrachte die Menschen, die dir glücklich erscheinen, nicht nach dem äußeren Glanz, sondern nach dem Wesen. Wenn du hinter die geschmückte Fassade dieser Menschen blickst, wirst du sehen, die äußere Tünche ist nur eine dünne Schale, dahinter sind sie oft elend, schmutzig und gemein. Solange sie, vom Ehrgeiz getrieben, im Rampenlicht stehen, obenauf sind, und handeln können, wie es ihnen passt, blenden und imponieren sie. Der Neid der Zuschauer ist für sie Motivation, ihren Ehrgeiz anzutreiben, um noch mehr Macht und Geltung zu erreichen. Vor innerer Erregung und geblendet vom Erfolg, kennen sie keine Grenzen an Gemeinheiten und böswilligen Handlungen.

Wenn das Schicksal aber eingreift, die Menschen entthront, niederwirft und ihre Blöße aufdeckt, wird erkennbar, welch tiefer Abgrund von Schmutz sich in Wirklichkeit hinter dem äußerlichen Glanz versteckt. Wie in dem Märchen: „Des Kaisers neue Kleider" (Hans Christian Andersen) werden sie uns nackt vorgeführt, als jämmerliche Kreaturen, die dem Geltungswahn verfallen sind.

Der Schiedsrichter wird im Gefängnis vielleicht Ruhe und Muße finden, über sich nachzudenken und seine bisherige Lebensanschauung über Bord werfen.

Du solltest es dir aber zur täglichen Aufgabe werden lassen, den Glanz der Menschen, die von der Masse bejubelt werden, mit kritischen Blicken zu betrachten. Verschwende hiermit aber nicht zu viel kostbare Zeit. Als Architekt und Baumeister deines eigenen Lebens mach dich auf den Weg, deine inneren Werte zu entdecken und sie als unbezwingbare Festung auszubauen.

Der Weg dorthin ist steinig und führt durch unwegsame Täler und über gefahrvolle Höhen. Doch einmal auf der Festung angekommen, wird dein Blick weit und frei. Wohin du auch schaust, in allen Himmelsrichtungen siehst du einerseits Glanz und Glimmer mit einer zur Schau getragenen trügerischen Glückseligkeit, und andererseits die Probleme mit Armut, Schulden und mit körperlichen Gebrechen. Dies alles ist nicht Zufall, sondern Bestimmung, der die Menschen instinktiv folgen müssen.

All diese Freuden und Schrecken kommen von außen und können auch auf dich einstürzen. Nein, sie können nicht auf dich einstürzen, sondern sie werden mit Sicherheit auch zu dir kommen.

Irgendwann klopft auch das Schicksal an deine Tür und fordert dich heraus. Du weißt aber, leben heißt ein Kämpfer zu sein. Du hast dich gut vorbereitet und deine inneren Werte gestärkt. Eine gut trainierte Armee von Wahrnehmungen und Gefühlen bezwingt die auf dich zukommenden Bedrohungen. Du wirst nicht zusammenbrechen unter Krankheit und Armut, denn die Feinde wurden ja von dir erwartet und können nun mutig besiegt werden. Ebenso wirst du große Freude und ein unverhofftes Glück gelassen begrüßen, ohne deinen inneren Frieden in Unordnung zu bringen.

Deinen Wunsch nach Anerkennung und Geltung kannst du auch noch von einer ganz anderen Seite betrachten. Stell dir mal die Frage: „Wer soll mich eigentlich anerkennen und mir Geltung verschaffen?" Sind es etwa deine Mitarbeiter, die dich wegen deiner herrschsüchtigen Art verabscheuen wie die Pest, aber aus Furcht davor, ihren Arbeitsplatz zu verlieren, nur abhängige, unaufrichtige Schmeichler sein können?

Oder möchtest du Anerkennung von deinem Chef, für den du Tag für Tag verantwortungsvoll und gewissenhaft die Arbeit erledigst, der aber für dich nichts weiter übrig hat als kleinliche Reklamationen.

Vielleicht willst du dir in deiner Familie Respekt und Geltung verschaffen. Wenn du nach Hause kommst, sollen Frau und Kinder parieren, so wie im Betrieb deine abhängigen Mitarbeiter. Du scheust aber nicht davor zurück, Versprechungen gegenüber deinen Kindern jederzeit zu brechen. Ihr hattet zum Beispiel für Sonntag Vormittag einen Ausflug geplant, doch nach der Party am Abend vorher liegst du um 11:00 Uhr noch benommen im Bett und reagierst nur, um die Kinder anzubrüllen, wenn sie laut spielen.

Vielleicht bist du in der Medien- und Schauspielwelt zu Hause. Dein ganzes Streben und Trachten ist nur darauf ausgerichtet, dir unter deinen Kollegen Geltung zu verschaffen und von der Masse bejubelt zu werden. In dieser Situation wünsche ich dir nur, dass du mit deiner Geltungssucht nicht so weit gehst, dass deine Darbietungen lediglich zur Verdummung der Zuschauer beitragen.

Anerkennung kannst du mit keinen Mitteln erzwingen. Sie kommt automatisch auf dich zu von den Menschen, die deine Leistung schätzen und in dir einen charakterfesten, verantwortungsvollen und hilfsbereiten Menschen sehen. Es spielt dabei keine Rolle, ob du arm oder reich bist und auf welcher Hierarchieebene in der Gesellschaft du stehst. Ausschlaggebend ist der Reichtum deiner Seele, denn nur mit dem Herzen kann man wirklich sehen: Alles Wesentliche ist für das Auge unsichtbar.

Dein Wissen darfst du nicht nach Belieben anwenden, aber dein Herz auf den Lippen zu tragen, ist förderlich und zuträglich für einen humanen Umgang miteinander.

# 9. Lerne dich freuen

Die Freude ist überall. Es gilt
nur, sie zu entdecken.

(Konfuzius)

Die Worte von Konfuzius möchte ich noch ergänzen mit
ein paar Worten aus „Mehr Freude" von Bischof Wilhelm
von Keppler: „Selbst durch die verriegelten Türen und
vergitterten Fenster der Gefängnisse und Zuchthäuser sollte der Engel der Freude noch Einlass finden."

Du fragst: „Wie soll ich mich freuen, wenn ich um mich
herum, nicht nur in den Gefängnissen, sondern in der ganzen Welt das Elend und die Not der Menschen sehe?" Du
hast Recht, es ist nicht einfach, Freude zu empfinden,
wenn du auf deinem Lebensweg immer wieder an Bett-
lern, obdachlosen Menschen und hungernden Kindern vorbei gehst und vielerorts nur Trostlosigkeit erblickst. Entweder siehst du die Menschen auf dem kalten Boden sitzen, still und stumm und frierend wie die Hunde oder sie
hungern und verdursten im heißen Wüstensand, umherge-
trieben von Krieg und Mord. Viele von ihnen sind krank,
sie haben kein Zuhause und kennen kaum Freude.

Die Kluft zwischen Arm und Reich wird immer größer,
und das Elend der Menschen, die sich unter schlechten Bedingungen abmühen, ist unermesslich groß. Die Nachrich-
tensender liefern uns täglich Jammer, Not und Elend in
das Wohnzimmer, zusätzlich zu den eigenen Problemen
mit Krankheit und Arbeitslosigkeit. Wo gibt es da noch
einen Schlupfwinkel für die Freude? Wie findet sie den
Zugang zu deiner Seele?

Jeder Mensch existiert nur in dem Maße, wie er sich verwirklicht, sich informiert und entsprechend seiner eigenen Möglichkeiten teilnimmt am globalen menschlichen Miteinander.

Traurig sein über widrige Geschicke, die du nicht ändern und beeinflussen kannst, ist nicht zuträglich für deine eigene Lebensaufgabe: die Entfaltung deiner menschlichen Kräfte und die Verantwortung gegenüber deiner eigenen Existenz und deinem sozialen Umfeld.

Glück und Freude ist kein stiller und beständiger Besitz oder ein Seelenzustand, sondern die Folge von Tätigkeit und Handeln.

Sich freuen ist nicht gleichzusetzen mit unaufrichtigem Lachen.

Lachen aus Freude über komische oder erheiternde Situationen ist gesund und stärkt das Zusammengehörigkeitsgefühl innerhalb einer Gruppe. Aber hämisches Lachen aus Schadenfreude oder sarkastisches Lachen, um andere bloßzustellen, ist ein negativer Wesenszug.

Auch die Freude an Sinneslust und oberflächlichem Vergnügen dringt nicht wirklich in dein Herz. Sie berauscht dich für eine kleine Weile, bietet dir kurze und schale Genüsse, die du oft mit anschließender Pein bezahlen musst.

Deine Suche nach Genüssen und Vergnügungen ist wie das ständige Schürfen an der Oberfläche, du findest nur Metalle von geringem Wert. Die kostbaren Edelsteine liegen in den tiefen Adern, die wahre Freude tief in deinem Herzen. Diese Freude ist ein wahres Gut und besteht aus anständigem Denken und rechtem Handeln, aus einem guten Gewissen, aus der Verachtung alles Zufälligen und aus dem ruhigen und steten Gang eines zielgerichteten Lebens.

Die Freude ist die Medizin dieses Lebens. Sie gibt dir Kraft für neue Ideen, die dich zum Handeln führen. Freude und Tätigkeit stehen in ständiger Wechselwirkung zueinander, ohne Handeln entsteht keine Freude, ohne Freude kein frohes Schaffen mit ständig neuen, klaren Ideen. Diese Ideen sind die Stufen in deinem Leben. Du weißt zwar nicht, wie du von der einen Stufe zur anderen gelangst, doch du siehst voller Freude, wie sich deine Ideen umsetzen lassen und deine Arbeit gelingt.

Es sind nicht nur deine Arbeiten Künste, dein Leben selbst ist eine Kunst, eine vielfältige und schwierige, weil du bei diesem Kunstwerk gleichzeitig der Baumeister und der Gegenstand des Werkes bist. Gerade diese Schwierigkeit, dein Leben als eigener Baumeister zu gestalten, wird dich bei jedem vollbrachten Bauabschnitt tiefe Freude fühlen lassen.

Das Geheimnisvolle und Interessante in deinem Dasein liegt ja darin, dass du nicht weißt, wohin der nächste Schritt führt. Es lohnt sich also immer für dich, neugierig und wachsam zu sein, um etwas davon wahrzunehmen, was eigentlich mit dir geschieht.

Voll Freude wirst du erkennen, etwas trägt dich, du machst den Schritt nicht. Alles Wachsen, Werden und Vergehen ist bedingt, deine Aufgabe ist es, die jeweiligen Bedingungen so gut wie möglich zu erkennen. Dies kannst du nur mit einem klaren Blick und mit Zuversicht und Freude im Herzen. Wenn deine Seele aber Trauer trägt und Tränen deine Augen bedecken, bist du blind und erkennst nicht den Weg, den du gehen musst. Du siehst nicht, wie die Dinge wirklich sind, und tappst nur im Dunkeln.

Schon Friedrich der II., der Große, sagte: „Kein Mensch taugt ohne Freude," und Ernest Hemingway schrieb: „Freude, mein Lieber, ist die Medizin dieses Lebens! Ich freue mich, wenn ich Gutes von anderen höre, wenn irgendjemand auf unserer traurigen Erde glücklich ist, ja selbst, wenn mein Hund mit dem Schwanz wedelt und die Katzen in irgendeiner Ecke zufrieden schnurren."

Verschließe deine Tür nicht vor der Freude, sie ist heute die Lebendigkeit deiner Seele und die Garantie für ein glückliches Leben von morgen.

Jede Begegnung in deinem Leben hat einen Sinn, eine tiefe Bedeutung, die du allzu oft erst im Nachhinein richtig erkennst. Alles hat zwei Seiten: Wenn du fleißig daran arbeitest, bei allem, was mit dir und um dich herum geschieht, die Wertung zugunsten der Sonne, des Lichtes und des hellen Tages zu setzen, fließt mehr Energie und Freude durch dich hindurch, durch deinen Körper, durch dein Herz und durch deine Seele. Das Schöne in dir wird lebendig, und „ganz gleich, wie beschwerlich das Gestern war, stets kannst du im Heute von neuem beginnen." (Buddha)

Die spontane, oberflächliche Freude wird dir oft begegnen. Sie kommt als unerwartete Überraschung. Eine Einladung zu einer Sportveranstaltung oder zu einem Theaterbesuch, die Begegnung mit alten Freunden, ein gutes Essen oder ein schönes Geschenk lassen dein Herz hüpfen und eine freudige Erregung entstehen. Doch so plötzlich, wie diese freudigen Ereignisse auf dich zukommen, verschwinden sie auch wieder. Wenn der Vorgang, die Sache oder der Anlass des freudigen Ereignisses abgeschlossen ist, verweht die Freude ohne Nachwirkung für dein persönliches Selbstwertgefühl und Wohlbefinden. Diese Freude ist nicht von Dauer.

Ich wünsche dir aber die stille, dauerhafte Freude, die tief in dein Herz eindringt, und dir Mut gibt, voll Selbstvertrauen allen Schwierigkeiten zu trotzen. Glaube mir, diese wahre Freude ist eine ernste Angelegenheit. Wenn diese Freude dich erreicht hat, dann schau auf den wahren Wert und freue dich deines Besitzes. Du fragst, welcher

Besitz damit gemeint ist? Du selbst und der bessere Teil deines Wesens.

Wenn du dies erreicht hast, dann kann von dir gesagt werden:

> „Es gibt Menschen in der Welt,
> welche die Gabe haben,
> überall Freude zu finden
> und sie zurückzulassen,
> wenn sie gehen."
> (Faber)

Die Aussage von *Faber* weist darauf hin, dass Freude wie auch Liebe, starke Energiequellen sind, die du nicht spürst, aber fühlst. Wenn du dieses Gefühl der Freude und der Liebe akzeptierst und pflegst, wird es die negativen Energien wie Angst, Trauer und Schmerzen besiegen und auflösen und damit auch alle Schwierigkeiten, die du mit dir und den anderen Menschen hast. Wenn die Freude dich erreicht hat, kommt auch die Liebe, denn eins ohne das andere ist nicht möglich.

Also lerne dich freuen und lies noch den folgenden Text des *Schweizer Buddhisten Marcel Geisser, Dozent für buddhistische Psychologie:*

„Die Grundformel lautet:

*Womit man sich beschäftigt, das wächst.'*

Wenn ein Mensch sich ständig mit negativen emotionalen und geistigen Zuständen befasst, Ärger, Neid, Hass und so weiter, dann werden ihn diese Zustände dominieren.

Wer dagegen Freude oder die Liebe in sich nährt, richtet seinen Geist auf das Positive aus.

Wir nennen das: *Samen der Freude pflanzen.*

Es ist eine sehr hoffnungsvolle Psychologie.

Demzufolge bis du nicht das Opfer deiner Vorfahren oder das Opfer deiner Umgebung oder das Opfer deiner in der Kindheit erlebten Traumata.
Die sind zwar da.
Doch alle Momente, in denen du in Frieden bist mit ihnen und sie akzeptierst, fördern die Qualität des Verstehens und der Liebe.
Damit ist nicht ein Verdrängen gemeint, sondern ein Anerkennen, dass das alles Teil deiner Geschichte ist und die Fähigkeit, die Vergangenheit auf sich beruhen zu lassen.
Es geht auch nicht um Aufarbeiten. Aufarbeiten beinhaltet immer ein Abschließen.
In der buddhistischen Psychologie kann nichts aufgearbeitet und abgeschlossen werden.
Es geht vielmehr um Versöhnung, vor allem mit uns selbst."

# 10. Hören und verstehen

Das gehörte Wort geht verloren, wenn
es nicht vom Herzen verstanden wird.
(Chrétien de Troyes, Yvain)

„Ich verstehe die Welt nicht mehr; schrei nicht so laut,
ich habe dich verstanden; ich mag dich trotzdem, denn wir
verstehen uns." In diesem Satz findest du die drei Grund-
bedeutungen von „Verstehen", die in enger Beziehung zueinander stehen und sich gegenseitig fördern oder blockieren können.

Die Welt nicht mehr verstehen heißt, du blickst nicht
mehr durch, erkennst die Zusammenhänge nicht und
kannst vieles nicht mehr nachvollziehen und verarbeiten.

Verstehen als Erkennen, wie man eine Tätigkeit gut aus-
führen kann, PC-Arbeit beherrschen, politische und wirt-
schaftliche Abläufe durchschauen oder das Leid vieler
Menschen nachempfinden kann, erfordert ein hohes Maß
an Interesse, Neugier, Aufgeschlossenheit, Wissen und so-
zialer Kompetenz.

Auch wenn *Albert Einstein* sagte: „Man muss die Welt
nicht verstehen, man muss sich nur darin zurecht finden,"
benötigst du doch eine gewaltige Portion Verständnis, um
dich zurecht zu finden, um zu erfassen, was um dich herum und in der Welt geschieht. Für eine erfolgreiche Lebensführung sind Neugier und Interesse nicht nur förderlich, sondern von grundlegender Bedeutung.

Ein ganz aktueller Anlass, die *Mohammed-Karikaturen* in
dänischen, französischen und deutschen Zeitungen und anschließend auch in den Zeitungen anderer europäischer
Länder, lassen die Vielfalt von Verstehen und Missverste-
hen erkennen. Die Reaktionen hierauf in vielen Teilen der

Welt zeigen auch die Verknüpfung von Gefühlen und Emotionen mit Verstehen.

Verstehen geschieht in deinem Kopf. Wenn du nicht verstehen willst, wird dein Herz nicht berührt oder es beginnt zu rebellieren, wie es der Aufstand in der muslimischen Welt beweist.

„Manche Journalisten scheinen ihre Aufgabe darin zu erblicken, anderen zu erklären, was sie selbst nicht verstehen." (*Markus M. Ronner, Die treffende Pointe*)

Verstehst du etwa, warum namhafte Politiker die vorgeschobene Pressefreiheit über Respekt, Anstand und Ehrfurcht stellen? Freiheit und Verantwortung gehören zusammen, doch all zu oft ist Verantwortung und Toleranz nicht vorhanden, wenn das Recht auf Freiheit in den Vordergrund gestellt wird.

Die Religion ist die einzige Metaphysik, die Menschen verstehen und annehmen. Die Religion der Menschen darf nicht verspottet werden. Viele Kriege haben religiöse Hintergründe und sind letzten Endes auf die unbedeutendsten Ursachen zurückzuführen, die mit Verstand, Respekt und Willenskraft hätten vermieden werden können.

*Chief Seattle*, einer der letzten Anführer eines Indianerstammes, der an der Nordwestküste Amerikas lebte, hielt kurz vor seinem Tod, als er erkannte, was die Weißen seinem Volk antun, eine Rede, adressiert an den Präsidenten der Vereinigten Staaten. In dieser Rede heißt es: „Wir wissen, dass die Weißen unsere Art nicht verstehen ... Ihr Appetit wird die Erde verschlingen und nur Wüste zurücklassen." Heute sind wir nicht mehr weit davon entfernt.

Die Indianer wurden weitgehend vernichtet. Heute wird versucht, die arabische Welt in die Knie zu zwingen. Man will die Menschen nicht verstehen, nur ihre Bodenschätze besitzen.

*Dr. Walter Robert Fuchs* schreibt in seinem Buch (*Und Mohammed ist ihr Prophet – Die Araber* und *ihre Welt*): „Ein Grund für das tiefe Unverständnis der Rolle der Araber in der Weltpolitik liegt wohl darin, dass sich unsere Informationen zu diesen Problemen auf bloße tagespolitische oder allenfalls zeitgeschichtliche Fakten beschränken. Um aber die durchaus eigenständige und eigenwillige Mentalität der Araber zu verstehen, muss man die glanzvolle Geschichte dieses Volkes kennen, die Tatsachen und die Legenden."

Weltpolitik ist aber nicht unser Thema, wir sind nur Beobachter und bemühen uns, ein wenig zu verstehen.

Verstehen und verstanden werden im Sinne von Kommunikation ist die zweite Bedeutung von „Verstehen". Kommunikation ist nicht nur wichtig, sondern lebensnotwendig. Wenn du mit niemand reden und niemand zuhören kannst, nimmst du nicht mehr aktiv am Leben teil und verkümmerst langsam.

Das Zuhören ist die Grundlage der Kommunikation, es fördert die soziale Entwicklung des Menschen und macht ihn fit für alltägliche Gespräche und soziale Kontakte. „Das Gehör hat direkten Einfluss auf die Bildung des sittlichen Charakters." (*Aristoteles*)

Aktiv zuhören muss nicht unbedingt bedeuten, die Botschaft des Sprechers gutzuheißen, aber es gibt dir die Möglichkeit, das Interessante und das für dich Wichtige herauszufinden und vielleicht sogar die Gefühle und Bedürfnisse des Redners zu erkennen und zu verstehen. Wenn du aus Gesprächen, Diskussionen oder Reden jeweils nur ein Wort für dich herausfiltern kannst, um es für dich zu verwenden, gleicht dies einem Puzzlespiel, das im Laufe der Zeit zu einem harmonischen Bild wird.

Das andere Extrem ist zu viel Kommunikation. Wenn zu viel auf uns eingeredet wird, verstehen wir nichts mehr und schalten einfach ab. Wir verlernen, durch aufmerksames Zuhören die Botschaften richtig zu verarbeiten. Hast du nicht auch schon einmal gesagt: „Der redet einen Unsinn, da höre ich doch gar nicht mehr zu." Wenn du aber nicht aufmerksam zuhören kannst, wirst du auch nicht erkennen und verstehen, welche Botschaft der Sprecher vermitteln will.

Jede zwischenmenschliche Beziehung zwischen Eltern und Kindern, Lehrern und Schülern, Mitarbeitern und Vorgesetzten usw., kann nur zustande kommen und für alle Beteiligten förderlich sein, wenn die Vermittlung von Botschaften vom Empfänger wirklich verstanden wird.

Zum Informationsaustausch bzw. zur Übermittlung von Botschaften gehören immer ein „Sender" und ein „Empfänger." Bist du der Sender der Nachricht, musst du den Inhalt so verpacken, dass der Empfänger neugierig wird und aufmerksam zuhört, denn dein Versuch, dich mitzuteilen, ist immer abhängig von dem Wohlwollen des Empfängers. Nur wenn er verstehen will, hört er auch zu.

Aktiv und aufmerksam zuhören ist mit Sicherheit eine Tugend, die dir nicht verloren gehen darf.

Die mangelnde Bereitschaft und darüber hinaus die oft nicht mehr bestehende Fähigkeit, wirklich aufmerksam zuhören zu können, führt zu erheblichen Kommunikationsproblemen und Verständnislosigkeit füreinander.

Die tägliche Informationsflut ist kaum noch zu bewältigen, und die Kapazität, uns ständig an Neues zu gewöhnen, es aufzunehmen und zu verarbeiten ist begrenzt. Wenn du das erkennst, verstehst du plötzlich, dass die zentrale Aufgabe darin besteht, dich erst einmal selbst zu verstehen. Deine Grenzen an Aufnahmebereitschaft, immer mehr in dich hineinzulassen, musst du selbst finden.

„Verstehen" kannst du auch nehmen wie „Leben zwischen Licht und Finsternis." Immer wieder hörst du Menschen sagen: „Warum muss mir das ständig passieren? Warum geht es mir so schlecht? Ich verstehe nicht, warum der Schurke immer Glück hat?" Die Antwort ist wohl: Diese Menschen verstehen nicht, dass sie nichts vom wirklichen Leben wissen. Kein Mensch hat immer Glück, und keinem Menschen geht es immer schlecht. Alles ist zeitlich begrenzt und verändert sich fortwährend, im ständigen Wechsel, wie Tag und Nacht.

Das Leben ist gerecht, jeder Mensch muss irgendwann in seinem Leben sein Kreuz tragen. Es ist gut, nicht im Voraus zu wissen, wie schwer es sein wird, und wann es sein wird.

Wenn du dies verstehst, dann trägst du es mit Würde und schaust frohen Mutes dem Licht entgegen.

Halte den Menschen nicht für glücklich, der von seinem Glück abhängig ist. Die Freude an äußeren Dingen steht auf wackeligen Füßen.

Bessere Erkenntnis und das Verständnis für deine Umwelt wirst du nur erreichen, wenn du nicht danach trachtest, deine besseren Kenntnisse für dein persönliches Streben nach Reichtum und öffentlichem Glanz zu verwenden. Weisheit ist nur erreichbar mit einem guten Herzen, nur mit innerer Ruhe und Selbstsicherheit kannst du etwas für dein Seelenheil und die Allgemeinheit bewirken.

Diese bessere Erkenntnis erreichst du, wenn du neugierig bist, alles Geschehen aus der Vogelperspektive betrachtest und als zusammenhängend erkennst. Als einsamer Wanderer auf einer Schmalspurbahn geht dir die Sicht für die Vielfältigkeit verloren.

Schwierig ist es allemal, die Menschen richtig zu verstehen, du hast ja schon Mühe mit deiner eigenen Person. Wichtig ist es deshalb, zu wissen und zu akzeptieren, dass jeder Mensch ein einmaliges, einzigartiges Wesen ist und so auch von dir gesehen werden möchte. Wenn du dies beherzigst, gibt es für dich keine Probleme in zwischenmenschlichen Beziehungen, dem dritten Bereich von „Verstehen."

Zwischen Eltern und Kindern, unter Freunden und Bekannten und vor allem in der Zweierbeziehung ist das „Hören mit dem Herzen" ein wesentlicher Faktor, um zu verstehen. Doch selbst mit den besten Voraussetzungen ist es vergebliche Mühe, zu wünschen, dass ein Mensch, den du liebst, dich ganz in deiner eigensten Eigentümlichkeit versteht.

Du besitzt eine gute Menschenkenntnis und bist geschult darin, *in den Gehirnstrukturen deines jeweiligen Gegenübers spazieren zu gehen.* Trotzdem wird es dir nur schwer gelingen, die Seelentiefe eines anderen Menschen zu ergründen. Wenn du die Grenzen des Verstehens erreicht hast und nicht mehr weiter weißt, musst du die Notbremse ziehen und vertrauen.

„Gegenseitiges Vertrauen ist wichtiger als gegenseitiges Verstehen. Wo das Verstehen nicht zum Ziel führt, möge das Vertrauen seinen Platz einnehmen." (*William McDougall, Charakter und Lebensführung*).

Eine respektvolle und urteilsfreie Haltung für den Umgang mit anderen Gesprächspartnern ist schwer zu erlernen und muss ständig neu erarbeitet werden. Hinzu kommt, dass viele Menschen nicht genug Erfahrung mit dem nonverbalen, dem nicht gesprochenen Anteil innerhalb der Kommunikationsformen haben und  nicht sensibel genug sind, Mimik, Gestik und Körperhaltung zu deuten und zu verstehen.

Deine persönliche Einstellung, die Art, wie du zuhörst und inwieweit du bereit bist, deine eigene Gefühlssituation mit einzubeziehen, entscheidet über eine förderliche, aufrichtige zwischenmenschliche Beziehung mit gegenseiti-

gem Verstehen oder über ein belastendes Miteinander mit
viel Ärger und Sorgen.

Mit deinem Verhalten kannst du dazu beitragen, psychische Kräfte freizusetzen und Lebensfreude zu fördern.

*Sokrates* sagte: „Sprich, damit ich dich sehe."

Sprich du stets so, damit dich die Menschen gerne sehen,
zuhören und verstehen.

> „Wer will, dass ihm andere sagen,
> was sie wissen, der muss ihnen sagen,
> was er selbst weiß.
> Das beste Mittel, Informationen zu
> erhalten, ist, Informationen zu geben."
> (*Niccolò Machiavelli)*

# 11. Liebe deinen Schatten

> Wende dein Gesicht der Sonne zu,
> dann fallen die Schatten hinter dich.
> (Sprichwort aus Südafrika)

Licht und Schatten sind unzertrennliche Geschwister und ständige Begleiter, die liebevoll zueinander stehen. Ohne Licht gibt es keinen Schatten, wenn das Licht verschwindet, kriecht der Schatten hinterher. Fürchtest du dich vor deinem Schatten, dann soll es dir eine Genugtuung sein, dass kein Schatten das Licht überleben kann. Der Schatten ist ein dunkler Raum hinter einem beleuchteten, undurchsichtigen Körper. Wenn die Sonne hoch am Himmel steht und dein Glück vollkommen erscheint, begleitet dich nur ein kleiner Schatten. Je mehr die Sonne sinkt, umso größer wird dein Schatten, bis ihr beide in die Dunkelheit eintaucht.

Versuche aber nicht, dich an deinen Schatten zu klammern und ihn festzuhalten, sondern nimm frohen Mutes Abschied von ihm, ehe die Nacht hereinbricht. Du kannst gewiss sein, er wird immer wieder auftauchen, dich verfolgen oder begleiten.

Der Schatten ist eine wahrhaft ungewöhnliche Erscheinung. Er kennt keine Trauer und hat keine Erinnerung. Er ist immer zugegen, aber du wirst an ihm keine Narben oder Wunden entdecken, die du in deiner Vergangenheit erlitten hast. Die Vergangenheit hinterlässt keinen Abdruck auf deinem Schatten, er kann keine Geschichten erzählen, denn er hat kein Gedächtnis und kann niemand hinters Licht führen.

Er ist immer anders, aber immer gezwungen, ein ehrliches Abbild der Person zu geben, die er begleitet.

Viele Menschen leiden dennoch unter ihren „Schatten der Vergangenheit." Schau genau hin, du wirst erkennen, dies ist ein Widerspruch, denn wo kein Licht mehr ist, kann es auch keine Schatten geben. Der Schatten nimmt immer Abschied und verschmilzt mit dem Schatten der Erde, ehe es Nacht wird. Er kommt zurück mit dem Licht, aber nicht aus der Vergangenheit, er bringt immer einen neuen Tag.

Nicht der Schatten plagt diese Menschen, sondern das gewaltsame Festhalten und Umklammern von Dämonen und Erinnerungen an unerfreuliche, leidvolle Ereignisse.

*Casati* sagt: „Der Schatten ist die sichtbare Form der Seele" oder „Der Schatten ist der Freund der Erkenntnis."

Nicht der Schatten der Vergangenheit ist ein Problem für viele Menschen, sondern die schwarzen Löcher, die unsichtbare Energie oder die dunklen Flecken, die noch nicht genügend beleuchtet wurden.

Was dir auch immer im Leben widerfuhr, ob dir Leid zugefügt wurde oder du selber anderen Menschen Leid zugefügt hast, du kannst es nicht rückgängig machen und auslöschen. Selbst das scheinbar Schlimmste war ja nicht so unerträglich, dass du heute nicht mehr lebst.

Deine Lebendigkeit, deine Existenz im Jetzt ist doch ein klares Zeichen, dass du immer wieder gestärkt aufgestanden bist, wenn du im Dreck lagst und noch getreten wurdest. Du hast es immer wieder geschafft, dich dem Licht zuzuwenden, und dein Schatten hat dich nie verlassen. Ihr gehört zusammen wie Tag und Nacht, Freud und Leid, denn das Wesen des Schattens ist ja gerade seine ständige Gegenwart.

Willst du aber die dunklen Seiten deiner Vergangenheit erkennen, dann halte ein Licht hinein, du erblickst so die geheimen Welten und tiefen Abgründe in den Dingen. Wenn das Licht erlischt, verschwindet auch der Schatten und lässt die Dinge ruhen, wo sie sind, ohne dich weiterhin zu belasten.

„Alle Schatten erzählen von der Sonne," (*Ursprung unbekannt)* trotzdem fürchten sich die Menschen mehr vor dem Schatten als vor Dingen und Personen, die den Schatten werfen.

Es gibt viele Menschen, die ein Schattendasein führen. Ihnen fehlt Energie, Mut und Selbstvertrauen, aus den Schatten anderer Personen herauszutreten und mit eigener Kraft dem Licht entgegenzugehen.

So riesenhaft, wie der Schatten vor Sonnenuntergang über Mauern und Häuser kriecht, so kann dich auch der Schatten einer dominanten, herrschsüchtigen Person in den Bann ziehen und gefangen halten. Aber nicht der Schatten ist schuld, sondern die starke Energie und negative Ausstrahlung dieser Person.

Das Sinnen und Trachten dieser Menschen wird immer darauf ausgerichtet sein, Kollegen, Familienmitglieder, Freunde und Bekannte nicht aus ihren eigenen Schatten herauszulassen. Sie werden z.B. Anerkennung, die anderen gebührt, für sich in Anspruch nehmen oder die Menschen wieder in den Schatten stellen, das heißt, sie in ein schlechtes Licht rücken, um die erbrachte Leistung zu schmälern.

Ein afrikanisches Sprichwort sagt: „Die beste Zeit, einen Baum zu pflanzen, war vor zwanzig Jahren. Die nächstbeste Zeit ist jetzt."

So ist es auch mit dem Glück, es widerfährt dir nicht, du wirst es nur finden, wenn du danach suchst. Du hast viele Jahre vergehen lassen und über die Schattenseiten des Lebens gejammert, über ein unangenehmes und schmerzvolles Dasein, und bist nur noch ein Schatten deiner selbst, ein blasses Abbild deiner früheren, lebensfrohen Persönlichkeit.

Beende dieses Schattendasein noch heute, pflanze den Baum jetzt und gehe frohen Mutes dem Licht entgegen, dann winkt dir das Glück und dein Schatten folgt dir als liebevoller Begleiter.

Erwarte aber nicht, dass die Sonne immer scheint. So wie Ebbe nicht auf Ebbe folgt, da immer Flut dazwischen ist, so wechseln auch Licht und Dunkel, Tag und Nacht.

Es ist zuträglich, bei der Suche nach dem Glück nicht zu versuchen, über deinen eigenen Schatten zu springen, wenn du nicht sicher bist, was dich erwartet. Auch mit der größten Anstrengung wirst du nichts erreichen, was nicht deiner eigenen Persönlichkeit entspricht.

„Ganz egal, wie lange ein Baumstamm im Wasser liegt, er wird kein Krokodil werden." (*Sprichwort der Bambara*)

Bei uns sagt man: „Schuster bleib bei deinen Leisten." Es ist nicht angemessen, wenn ein ausgezeichneter Handwerker mit seiner eigenen Leistung plötzlich nicht mehr zufrieden ist und ein berühmter Dirigent sein möchte. Allzu leicht würde er in den Schatten der wirklichen Könner geraten und sogar in den „Kernschatten" versinken, in den Bereich, in dem es keinerlei Licht mehr gibt.

Der Mensch ist ein intelligentes Wesen und weiß viel, er kann dazulernen bis zum letzten Atemzug, um ein ausgefülltes Leben zu führen. Alles Wissen des Universums steckt in jedem Menschen, es muss nur geweckt werden. „Ein Stein kommt erst ins Rollen, wenn er angestoßen wird."

Der Mensch kann aber auch „einen Schatten haben", das heißt, er ist geistig nicht auf der Höhe und jagt ständig seinem Schatten nach, indem er sich mit unwichtigen und sinnlosen Dingen beschäftigt, unzufrieden ist und die Augen verschließt vor der Vielfalt und Schönheit des Lebens. Er hat verlernt, sich daran zu erfreuen.

Achte stets darauf, dass du im Einklang stehst mit dir und der Natur, dann erkennst du auch: Dein Schatten ist ein Teil von dir, einer kann nicht sein ohne den anderen. Schau dem Licht entgegen mit Toleranz und einer freiheitlichen Gesinnung, dein Schatten wird respektvoll im Hintergrund bleiben.

Was immer du im Leben sagst und machst, alle werden darin nur deine Ansichten wahrnehmen, niemand wird an deinen Schatten denken. Betrachte ihn deshalb als einen liebevollen, stillen Gefährten, der nur dir gehört und dich begleiten wird auf deinem Weg zum Glück und zur Weisheit.

„Weisheit ist ebenso sehr eine Angelegenheit des Kopfes wie des Herzens. Wenn sich auch die Grundlagen einer Wissenschaft rasch erwerben lassen, so erwächst doch der Anteil des Herzens an der Weisheit nur aus vielen Erfahrungen in Freud und Leid, Hoffnung, Enttäuschung, Erfolg und Misserfolg." *(William McDougall – Charakter und Lebensführung).*

# 12. Sehnsucht und Traurigkeit

Wer sich nach dem Licht sehnt, ist
nicht lichtlos, denn die Sehnsucht
ist schon Licht.
(Bettina von Arnim)

Es schneit und schneit und will nicht mehr enden. Unaufhaltsam rieseln die leichten, weißen Flocken vom Himmel herunter und bedecken die Erde mit ihrer weißen Pracht. Vom Winde zerzaust tanzen sie vor deinem Fenster umher und lassen die Schneeberge vor deinem Haus wachsen. Du findest die weiße Pracht gar nicht mehr schön. Traurig schaust du nach draußen, dein Blick gleitet über den Schnee hinweg in die Ferne. Dein Herz ist voll Sehnsucht nach Sonne, Licht, Wärme und Liebe. Du beginnst zu träumen und lässt dich davontragen von den starken Gefühlen der Sehnsucht und des tiefen Verlangens. Tausend Wünsche werden geweckt und so manche Erinnerung stimmt dich traurig.

Immer wieder plagen dich die gleichen Fragen: „Warum habe ich meine Arbeit verloren, warum versteht mich meine Familie nicht mehr, warum streiten wir uns ständig, warum muss ausgerechnet mir alles Übel der Welt zustoßen?"

Diese vielen unbeantworteten Fragen, Mangel an Glück, Erfolg und Anerkennung, erzeugen bei dir eine große Unzufriedenheit mit der gegenwärtigen Situation und bilden den Nährboden für Sehnsucht und Verlangen nach Veränderung und Besserung der augenblicklichen Zustände.

Sehnsucht ist immer in die Zukunft gerichtet, wie ein Fliehen vom Jetzt und Heute. Die häufigste Sehnsucht ist die nach einer geliebten Person, nach Liebe, Mitgefühl, Geborgenheit und Aufmerksamkeit.

Plagt dich aber ein ungestilltes Verlangen nach Macht und Reichtum, dann rede von einer Sucht, aber nicht von Sehnsucht. Wenn sich Menschen vor Sehnsucht verzehren mit dem Wunsch nach dem eigenen Tod oder der Sehnsucht, einem geliebten Menschen nachzufolgen, kann man von einer krankhaften Sehnsucht sprechen. Diese Menschen sind gefangen in der Sehnsucht nach dem Paradies, welches ja nur mit dem Verlust des eigenen Lebens erreicht werden kann. Es sind unrealistische, dem Leben abgewandte Sehnsüchte.

Ich wünsche dir die kreative Sehnsucht, das tiefe Verlangen nach positiven Veränderungen für Leib und Seele: die Sehnsucht nach Harmonie und Schönheit. Solange du sehnen kannst lebst du bewusst, bist neugierig und erwartest Veränderungen. Die Sehnsucht ist also ein notwendiges Lebenselixier: Das ständige Streben nach Gemeinsamkeit, Liebe, Verständnis und Glück. Wer keine Sehnsucht kennt, hat nicht wirklich gelebt, er hat sich nur auf Erden aufgehalten.

Johann Amos Comenius (tschech. Pädagoge und Seelsorger 1592-1670) sagte: „Ich danke meinem Gott, dass er mich mein ganzes Leben hindurch ein Mann der Sehnsucht hat sein lassen."

Lass dir daher von nichts und niemand deine Sehnsüchte austreiben, zumal sie ja auch schöner sind als ihre Erfüllung. Deine Sehnsüchte geben deinem Geist die Freiheit zu träumen, die Seele einfach baumeln zu lassen und dich abzusetzen von den täglichen Aufgaben und Pflichten, von dem ständigen Druck, immer etwas tun zu müssen, was du gar nicht tun möchtest.

Persönliche Freiheit ist nur bedingt möglich. Unser Leben lang sind wir eingebettet in ein Gewirr von Normen, Verhaltensregeln, Vorschriften und Richtlinien. Bereits bei deiner Geburt wird entschieden, ob dich die Welt mag oder nicht. Du sollst nicht schreien, nicht weinen und herumzappeln, du sollst aber auch nicht einfach still dasitzen und träumen, sondern du musst funktionieren, sowie irgendeine Mama oder ein Papa es sich vorstellt, die selber auch nur selten funktionieren.

Sowie in der Familie geht es auch im Kindergarten, in der Schule, im Beruf und in Vereinen. Einerseits sollst du Verantwortung zeigen, teamfähig sein und mitdenken, andererseits darfst du niemand in die Quere kommen, das heißt für dich, nach Möglichkeit schweigen, dich einordnen und entgegen deinem natürlichen Wesen handeln.

Anfangs wunderst du dich, warum du nicht verstanden wirst. Eines Tages merkst du: Die Welt ist nicht so, wie sie dir vorgegaukelt wird – sie ist nicht, wie sie ist. Die Welt als Ganzes ist lediglich ein Zusammenspiel von vielen kleinen Welten, denn jeder Mensch ist einmalig und einzigartig, er lebt in seiner ganz persönlichen eigenen Welt. Er kann das Leben nur aus seiner Sicht erkennen, erfahren und verstehen.

Trotzdem sind wir irgendwie alle gleich, denn wir müssen täglich alle das Gleiche erdulden: den Umgang mit uns und unserer Umwelt. Kaum einer ist gebrechlicher als der andere und keiner ist seines morgigen Tages sicherer als der andere. Jedem Menschen kann gleich viel Gutes und Böses widerfahren. Sei gewiss, kein Mensch ist glücklicher als der andere, nur weil sich sein riesiges Vermögen kaum noch buchmäßig erfassen lässt.

Betrachte die Menschen und betrachte besonders kritisch dich, du wirst feststellen: „Der Mensch ist ein Widerspruch in sich. Er lebt im ständigen Widerstreit zwischen Gut und Böse."

Dieser Widerspruch bewirkt, dass du dich oft selbst nicht leiden kannst. Du kannst dein eigenes Spiegelbild nicht ertragen, magst nicht zur Arbeit gehen, bist gehässig und reagierst gereizt, wenn dich jemand anspricht. Du denkst: „Ich bin ja gar nicht der, den ich sehe," und stellst dir die Frage: „Was ist überhaupt Wirklichkeit? Der ganze Mist, den ich täglich bearbeiten muss, und der Ballast an Sorgen und Problemen, die ich mit mir herumschleppe, oder meine Sehnsüchte, Träume und Wünsche, die mir Inspiration und Motivation verleihen?"

Akzeptiere diese Differenz zwischen Wirklichkeit und Möglichkeit und lass deine Sehnsüchte zu, nicht als Mangel, sondern als Potenzial für positive Entwicklungsmöglichkeiten. Sage dir: „Der größte Fantast ist der beste Realist."

Zwei Seelen wohnen in deiner Brust, beide sind notwendige Teile von dir. Wenn sie in Zwietracht miteinander stehen und sich deine Sehnsüchte nicht erfüllen, wirst du unweigerlich leiden. *Jean-Paul Sartre* sagte hierzu: „Der sensible Mensch leidet nicht aus diesem oder jenem Grund, sondern ganz allein, weil nichts auf dieser Welt seine Sehnsucht stillen kann."

Bist du über einen längeren Zeitraum hinweg in der misslichen Situation, dass keine Wünsche erfüllt und keine deiner Sehnsüchte gestillt werden können, überkommt dich eine tiefe Traurigkeit. Ein Gefühl der Niedergeschlagenheit bedeckt deine Seele und nimmt dir alle Lebensfreude.

Ich spreche hier nicht von der Trauer als Prozess zur Bewältigung von unheilbarer Krankheit und Tod oder einem anderen schweren Verlust, sondern von dem eigenartigen, fremden Gefühl, das dich wie mit einem Nebelschleier umhüllt und mit sanftem Schmerz berührt, ich rede von der Traurigkeit.

Diese Traurigkeit erscheint wie eine Wolke am Himmel, die aber schnell vom Winde verweht wird, sobald dich ein Sonnenstrahl trifft. Manchmal gibt es auch ein paar Regentropfen, die Tränen, mit denen die Traurigkeit aus der Seele herausfließt.

Traurig sein ist nicht ungesund, es ist etwas Natürliches, das dich davor bewahrt, abzustumpfen und gefühllos zu werden.

Die Menschen verarbeiten ihre Gefühle, die Leidenschaften der Seele, auf unterschiedliche Weise.

Akzeptiere deine Traurigkeit als einen wichtigen Bereich in deinem Gefühlsleben und nimm sie als Stille und Atempause für eine Neuorientierung und Besinnung auf das für dich Wesentliche.

*Carl Gustav Jung* sagte: „Auch das glücklichste Leben ist nicht ohne ein gewisses Maß an Dunkelheit denkbar, und das Wort Glück würde seine Bedeutung verlieren, hätte es nicht einen Widerpart in der Traurigkeit."

Die Literatur braucht Menschen mit einer Neigung zur Traurigkeit. Doch auch Schriftsteller können in ihren Werken nur ihre eigene Gefühlswelt verarbeiten und zum Ausdruck bringen. Die unterschiedliche Art und Weise bei der Verarbeitung von Traurigkeit siehst du bei den zwei nachfolgenden Gedichten von *Hermann Hesse* und *Erich Kästner*:

Traurigkeit
(Hermann Hesse)

Die mir noch gestern glühten,
Sind heut dem Tod geweiht,
Blüten fallen um Blüten
Vom Baum der Traurigkeit.

Ich sehe sie fallen, fallen
Wie Schnee auf meinem Pfad,
Die Schritte nicht mehr hallen,
Das lange Schweigen naht.

Der Himmel hat nicht Sterne,
Das Herz nicht Liebe mehr,
Es schweigt die graue Ferne,
Die Welt ward alt und leer.

Wer kann sein Herz behüten
In dieser bösen Zeit?
Es fallen Blüten um Blüten
Vom Baum der Traurigkeit.

\*\*\*

## Traurigkeit die jeder kennt
### (Erich Kaestner – 1899-1974)

Man weiß von vornherein, wie es verläuft.
Vor morgen früh wird man bestimmt nicht munter.
Und wenn man sich auch noch so sehr besäuft:
Die Bitterkeit, die spült man nicht hinunter.

Die Trauer kommt und geht ganz ohne Grund.
Und angefüllt ist man mit nichts als Leere.
Man ist nicht krank und ist auch nicht gesund.
Es ist, als ob die Seele unwohl wäre.

Mann will allein sein. Und auch wieder nicht.
Man hebt die Hand und möchte sich verprügeln.
Vorm Spiegel denkt man: „Das ist dein Gesicht?"
Ach, solche Falten kann kein Schneider bügeln.

Vielleicht hat man sich das Gemüt verrenkt?
Die Sterne ähneln plötzlich Sommersprossen.
Man ist nicht krank. Man fühlt sich nur gekränkt.
Und hält, was es auch sei, für ausgeschlossen.

Man möchte fort und findet kein Versteck.
Es wäre denn, man ließe sich begraben.
Wohin man blickt, entsteht ein dunkler Fleck.
Man möchte tot sein. Oder Gründe haben.

Man weiß, die Trauer ist sehr bald behoben.
Sie schwand noch jedes Mal, so oft sie kam.
Mal ist man unten, und mal ist man oben.
Die Seelen werden immer wieder zahm.

Der Eine nickt und sagt: „So ist das Leben."
Der andere schüttelt seinen Kopf und weint.
Wer traurig ist, sei's ohne Widerstreben!
Soll das ein Trost sein? So war's nicht gemeint.

# 13. Wissen und Weisheit

Man kann einen Menschen nichts
lehren, man kann ihm nur helfen,
es in sich selbst zu entdecken.
(Galileo Galilei)

Täglich wirst du überflutet mit Informationen für alle
Lebensbereiche. Gut verpackt mit den unterschiedlichsten
Werbetricks, wird dir gesagt: wo du Urlaub machen
kannst, wie du am schnellsten Sprachen lernst, mit welchen Pillen du dein Gewicht reduzieren wirst, wie du deine Kindern erziehen oder meditieren sollst und sogar welche Nahrungsmittel für dich gut sind. Du brauchst gar
nicht mehr zu denken, denn alles, was du wissen musst,
wird dir schmackhaft serviert. Dein Anteil besteht lediglich darin, zuzugreifen und dich treiben zu lassen in ein
Leben voll Glückseligkeit.

Nein, so einfach ist das Leben nicht, denn ein Überange-
bot an Informationen ist bei weitem kein Wissen und
macht dich auch nicht glücklich.

Wissen bedeutet auch nicht Verstand. Erst wenn du es
verstehst, das von dir gesammelte und aufgenommene
Wissen in deine persönliche Lebenssituation zu integrieren
und auch danach zu handeln, kannst du ein wenig wissen
und einen Funken Wahrheit erkennen. Etwas wirklich zu
wissen, heißt, die Zusammenhänge und Gründe eines Vorgangs oder einer Sache zu erkennen und zu verstehen.

Das Wissen ist wie fließendes Wasser, ständig in Bewe-
gung. Was heute wichtig erscheint, ist bereits Morgen
Vergangenheit, ein Teil des großen Meeres, der einzelne
Tropfen ist nicht mehr unterscheidbar von der Masse  und
nicht mehr von Bedeutung.

Es entsteht kein Wissen und es wird keine Beobachtung gemacht, ohne dass nicht viele frühere Beobachtungen außer acht gelassen werden. Das Wissen ist deshalb zu einem großen Teil Vermutung und kritisches Raten. Verständliche Beispiele gibt es hierfür in der Pharmaindustrie mit unzähligen Medikamenten für nur eine Krankheit oder auch in der Gehirnforschung mit ständig neuen Erkenntnissen, besser gesagt, Vermutungen über die Funktion des menschlichen Gehirns. Neue Erkenntnisse erzeugen neue Vermutungen, und jeder Forscher weicht von dem Wissen seiner Vorgänger und Vorbilder ab, entdeckt etwas Neues und meint, mehr zu wissen.

Die Forschung und die Suche nach Wissen ganz allgemein werden nie enden, denn der Mensch wird sich nie mit dem erreichten Ergebnis zufrieden geben.

Wie willst du dich aber in dem Wissenschaos zurechtfinden?

Sei neugierig, beobachte kritisch und wäge stets ab, was für dich nützlich ist. Laufe nicht in den Spuren eines anderen, du wirst dort nichts Gutes für dich finden, weil du nicht wirklich suchst, sondern dir eine fremde Speise vorsetzen lässt, die aber nicht zu deinem Geschmack passt.

Du kannst ja ohne Bedenken die alten und bekannten Wege benützen, halte aber ständig Ausschau danach, für dich einen besseren Weg zu finden, der deiner eigenen Gangart zuträglich ist, deine Ideen fördert und dein Wissen festigt.

Wenn du dies erreichst, musst du nicht mehr auf Gerüchte hören und musst auch nicht alles wissen, sondern kannst dich darauf konzentrieren, das für dich nützliche Wissen ordentlich zu verstehen.

Ruh' dich aber nicht aus, wenn du die erste Stufe der eigenen Wissensfindung erreicht hast, denn wenn dein Wissen sich nicht täglich vermehrt, nimmt es schnell wieder ab. Es wird verschüttet und ruht in deinem Unterbewusstsein.

Du wirst auch nie die Zeit haben, dein Wissen zu vollenden. Darum mache es dir zur ständigen Aufgabe, dein erworbenes Wissen für dein eigenes Handeln, Reden und Unterlassen verantwortungsvoll zu nutzen. So führst du ein erfülltes und glückliches Leben und gelangst einen Schritt weiter zur Weisheit.

Ohne Wissen erlangst du keine Weisheit und kannst kein glückliches Leben führen, nicht einmal ein erträgliches.

Du fragst: „Was ist Weisheit?" Die Antwort ist einfach: Immer dasselbe wollen und immer dasselbe nicht wollen.

Hierzu gehört aber zunächst einmal deine klare Entscheidung: Stets zu wissen, was du wirklich willst.

Wir alle können und wollen vieles und wir können lernen, was andere können. Doch wir können nicht alles zur gleichen Zeit. Die Zeit läuft einfach davon, ohne Rücksicht darauf, ob du dein Wollen auch wirklich in die Tat umgesetzt hast. Darum musst du Prioritäten setzen und dich entscheiden, was für dich von Bedeutung und wichtig ist, wirklich zu wollen.

Diese Entscheidung musst du durch tägliche Übungen und Bemühungen festigen, denn es gehört mehr Energie dazu, an guten Vorsätzen festzuhalten, als edle Entschlüsse zu fassen.

Du darfst dir selbst nicht zu schnell vertrauen. Es erfordert viel Ausdauer und ständige Anstrengung, bis dein guter Wille schließlich guter Charakter geworden ist.

Deine eigene Lebensregel muss zur Richtschnur deines Handelns werden. Deine Taten und deine Worte müssen immer übereinstimmen, sodass du überall und zu jeder Zeit ein und derselbe bist.

Die Weisheit ist kein Zufall, sie fällt dir nicht in den Schoß. Die Weisheit verdankt jeder sich selbst, sie will hart erarbeitet werden. Dies ist eine große Kunst, die dich aber zur Freude und Zufriedenheit führt.

Du musst aber wissen: Der Weg zur Weisheit ist wohl die weiteste Strecke, die ein Mensch im Leben zurücklegen kann, möglicherweise ohne das Ziel zu erreichen. Auf dieser Wanderschaft sollen Freude und Glück deine Begleiter sein.

„Das Schicksal leitet den, der willig folgt. Den Widerstrebenden schleppt es hinter sich her." (*Seneca*)

Lass dich nicht hinterher schleppen, sondern schreite mutig mit aufrechtem Gang dem Ziel entgegen. Weisheit ist dein Ziel. Weisheit ist Wissen um wesentliche Wahrheiten, das Verstehen von komplexen Zusammenhängen im täglichen Miteinander und die Fähigkeit, dementsprechend zu leben – wahrhaftig zu leben.

Nachfolgend siehst du die Definition von *Weisheit* des *Hl. Augustinus* aus: *Augustinus: - über das Glück – 4,35:*

„Denn Weisheit ist letztlich nichts anderes als das Maß unseres Geistes, wodurch dieser im Gleichgewicht gehalten wird, damit er weder ins Übermaß ausschweife, noch in die Unzulänglichkeit falle. Verschwendung, Machtgier, Hochmut und Ähnliches, womit ungefestigte und hilflose Menschen glauben, sich Lust und Macht verschaffen zu können, lassen ihn maßlos aufblähen. Habgier, Furcht, Trauer, Neid und anderes, was ins Unglück führt – wie die Unglücklichen selbst gestehen – engen ihn ein. Hat der Geist jedoch Weisheit gefunden, hält dann den Blick fest auf sie gerichtet ... dann braucht er weder Unmaß, noch Mangel, noch Unglück zu fürchten. Dann hat er sein Maß, nämlich die Weisheit, und ist immer glücklich."

Der Weg zur Weisheit ist gewiss kein leichter Weg. Die Bewältigung der täglichen Aufgaben, der Umgang mit

Stress, Ärger, Kummer und Sorgen verbraucht viel Lebensenergie und zehrt an den Nerven.

Zur Bewältigung der persönlichen Aufgaben, der Wissensfluten und der eigenen Unsicherheit beschäftigen sich immer mehr Menschen mit Meditation.

Es ist aber einerlei, ob du dich mit Yoga, Tai Chi, Qi Gong, Gebetszirkeln oder autogenem Training beschäftigst, den Weg zur Weisheit hast du damit noch nicht betreten.

Erst wenn du die durch Meditation gewonnene Lebensenergie und innere Ruhe dazu nutzt, deinen Eigensinn und deine schlechten Charakterzüge zu bekämpfen und die guten Eigenschaften zu fördern und anzuwenden, findest du zur Weisheit und zum Glück.

Weisheit fördert und pflegt die Freude und meidet und bekämpft Unlust und Ärger, sie gibt dir die Kraft, die Menschen nach ihrer Menschlichkeit zu schätzen und nicht nach Ansehen, Macht und Herkunft.

Sie lässt dich handeln aus innerer Überzeugung und Pflichtbewusstsein, nicht aus Sucht nach Lohn und Anerkennung. Die Weisheit zeigt dir den Weg zur wahren Liebe mit Achtung und Respekt vor dir selbst und allen Menschen.

*Auszug aus einem Fragment vom 5. April 1933 – Fernando Pessao, Das Buch der Unruhe des Hilfsbuchhalters Bernardo Soares:*

„Unsere größte Angst als einen Zwischenfall ohne Bedeutung ansehen, nicht nur im Leben des Weltalls, sondern in unserer eigenen Seele, das ist der Anfang der Weisheit. Sie mitten in der Angst so ansehen, ist die vollkommene Weisheit. In dem Augenblick, in dem wir leiden, scheint der menschliche Schmerz unendlich zu sein. Doch weder ist der menschliche Schmerz unendlich, noch ist unser Schmerz mehr wert als eben ein Schmerz, den wir ertragen müssen."

Weisheit kannst du nicht in der Schule lernen, du findest sie auch nicht auf viel befahrenen Straßen oder in lustvollen Vergnügungen. Weisheit ist Harmonie in deiner Seele, die du findest, wenn du nie aufhörst, danach zu suchen. Bei dieser lebenslangen Suche musst du bereit sein, auch einsame Wege zu gehen und dich nicht ängstigen, wenn du ausgetrocknete Landschaften und unwegsame Täler durchqueren musst.

Die Suche lohnt sich gewiss, denn Freude und Zufriedenheit ist dein Lohn.

# 14. Gefühle und Emotionen

> Die Stärke der Gefühle kommt nicht so
> sehr vom Verdienst des Gegenstandes,
> der sie erregt, als von der Größe der
> Seele, die sie empfindet.
> (Théodore Jouffroy, Das grüne Heft)

Die Macht der Gefühle steuert mehr als der Verstand das menschliche Verhalten. Viele Menschen wollen dies vielleicht nicht zugeben, doch die Gefühle weichen vom Weg der Vernunft ab, und die so entstehenden Emotionen steuern das Aufkommen von Sehnsucht, das Verlangen nach einem geliebten Menschen oder die Leere, die Verlustschmerz hinterlässt.

Die Gefühle lassen das Herz entweder heftiger schlagen oder verkümmern durch das Entstehen von Hoffnung und Verzweiflung, Hochstimmung und Niedergeschlagenheit, Verehrung und Abscheu, Gram und Zorn. Sie lassen die Gemütsverfassung des Menschen aufhellen oder überschatten, sie kommen und gehen, wann immer sie es wollen und üben einen starken Einfluss auf all deine Handlungen aus. Sie sind die Empfindungen des Geistes, die er sich selbst aufbürdet.

Du wirst es nicht schaffen, deine Gefühle zu vermeiden oder zu unterdrücken, doch hüte dich davor, der Sklave deiner Gefühle zu werden und dich zum Beispiel mit paranoiden Ängsten, Depressionen und Selbsthass zu zerreiben.

Die Gefühle sind gut, du kannst nicht darauf verzichten, sonst bist du ein emotionsloser, kalter Mensch, innerlich bereits tot. Trotzdem musst du behutsam mit ihnen umgehen und sie gut kontrollieren, damit sie nicht zu sehr deine Gedankenwelt bestimmen und durcheinander bringen.

In dem nachfolgenden Schaubild siehst du ein paar Beispiele von Gefühlen und Emotionen, die ständig in dich hinein wollen, Besitz ergreifen von deinem Herzen und von deiner Seele. Sie kommen und gehen, ergänzen und überlappen sich oder stehen in Widerstreit miteinander.

Deine Aufgabe ist es, deine Gefühle unter Kontrolle zu halten und dafür Sorge zu tragen, dass in deinem Innern Harmonie herrscht, sodass Einklang besteht zwischen Geist, Gehirn und Psyche.

Der Geist ist der Schirmherr deiner Gefühle, er steuert die Koordination und Kooperation der Gefühle, den richtigen Umgang mit Trauer, Freude, Sehnsucht, Zorn und allen anderen seltsamen Empfindungen.

Wenn dein Gehirn gegensteuert und den freien Fluss der Gefühle bremst, entsteht Chaos in deinem Innern, und die schlechten Eigenschaften finden guten Nährboden. Du wirst ein gehässiger, unerträglicher Zeitgenosse mit der Neigung zu extremen Verhaltensweisen in unterschiedlichen Richtungen. Entweder du wirst rücksichtslos, lügst und betrügst, oder du gerätst in ein anderes Extrem und wirst anfällig für Depression, Gleichgültigkeit und Krankheiten aller Art, begleitet von Lustlosigkeit und Unsicherheit.

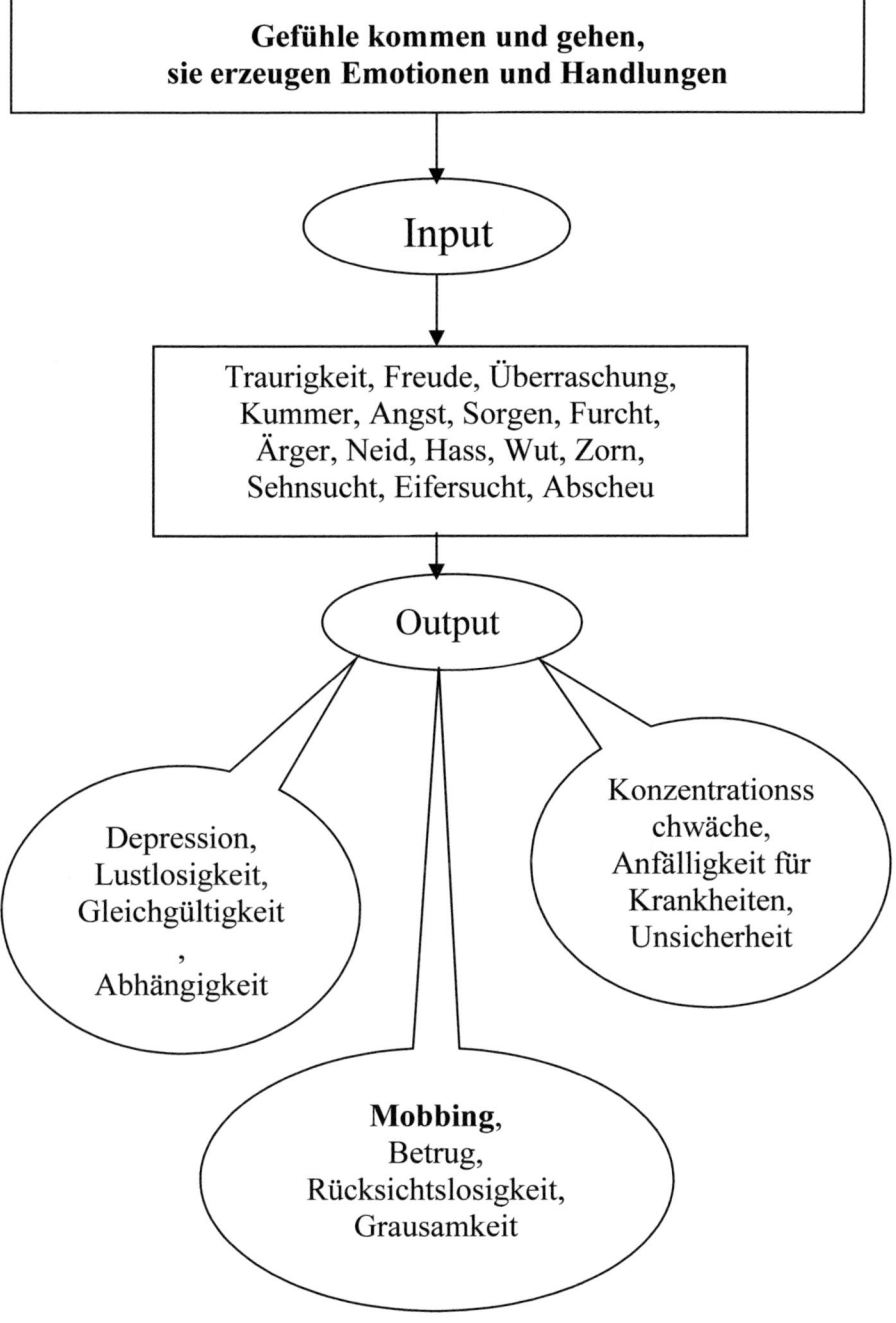

**Gefühle kommen und gehen,
sie erzeugen Emotionen und Handlungen**

Input

Traurigkeit, Freude, Überraschung,
Kummer, Angst, Sorgen, Furcht,
Ärger, Neid, Hass, Wut, Zorn,
Sehnsucht, Eifersucht, Abscheu

Output

Depression,
Lustlosigkeit,
Gleichgültigkeit
,
Abhängigkeit

Konzentrationss
chwäche,
Anfälligkeit für
Krankheiten,
Unsicherheit

**Mobbing**,
Betrug,
Rücksichtslosigkeit,
Grausamkeit

103

Unter Input siehst du die Gefühle und Emotionen, die unaufhaltsam in dich hineinströmen und deine Psyche in Besitz nehmen, das heißt, deine seelische Verfassung und somit dein Leben bestimmen.

Fehlt es dir an Selbstvertrauen und Selbstbewusstsein, kann es leicht geschehen, dass die nicht verarbeiteten Gefühle und bezwungenen Emotionen als Output negative Reaktionen auf deine eigene Person und deine persönliche und geschäftliche Umgebung hervorbringen. In irgendeiner Weise wirst du krank.

Mobbing, Rücksichtslosigkeit und Betrug kannst du ebenso als Schädigung deiner Seele betrachten wie zum Beispiel Depression, Unsicherheit und Abhängigkeit. Sie sind ein Zeichen dafür, dass dein Geist blockiert ist, und du nicht mehr fähig bist, dich selbst zu begreifen und zu achten, um dich in deinen eigenen Taten und Lebenskünsten frei und ungezwungen zu offenbaren.

Deine Psyche leidet zwar darunter, denn deine Seele ist krank und dein Leben erbärmlich. Deine bewussten Handlungen, gesteuert von deinem Gehirn als Sitz deines Gedächtnisses, sind aggressiv, rücksichtslos und betrügerisch.

In diesem Zustand kannst du aber nicht immer leben und vor allem niemals glücklich leben.

Auch wenn viele Enttäuschungen, Misserfolge, festgefressene Vorurteile und negative Erfahrungen deinen Geist blockieren, deine Seele erschüttern und dein Gehirn dich gefühllos und rücksichtslos handeln lässt, nur du selbst kannst die Harmonie wieder herstellen – wenn du es nur willst.

Der Mensch an sich ist gut, er muss es nur wissen und von allen Irrwegen wieder zurückfinden zu sich selbst und zur Menschlichkeit gegenüber seinen Mitmenschen.

Deine persönlichen Lebenserfahrungen, die Begegnungen mit tragischen Vorfällen oder freudigen Ereignissen bestimmen zu einem wesentlichen Teil den Umgang mit deinen Gefühlen. Du kannst also die Verarbeitung deiner Emotionen nicht losgelöst betrachten von deiner eigenen Meinung darüber, an welchem Punkt in deinem Leben du dich gerade befindest, welche Strecke auf deiner Zeitschiene bereits zurückgelegt wurde.

Wenn dich ein aufkommendes Gefühl zu sehr ängstigt, erschreckt oder erfreut, ist dies ein Zeichen dafür, dass in der Vergangenheit in diesem Zusammenhang etwas geschehen ist, das dich verletzt, gefördert oder gewissen Risiken ausgesetzt hatte.

Du hast es aber überstanden und lebst heute. Wenn du heute unerschrocken, voll Zuversicht und nach bestem Wissen und Gewissen handelst, musst du keine Angst davor haben, dass dich morgen unverhofft aufkommende Gefühle erdrücken: Denn du bist du und handelst auch morgen nach bestem Wissen und Gewissen.

Emotionen folgen ihrer eigenen inneren Logik, die sich daran orientiert, welche Werte, Ziele und Überzeugungen für dein Leben wichtig sind.

Oft sind es gar nicht die plötzlich aufkommenden Gefühle und Emotionen, die dich erschrecken lassen, sondern vielmehr die falsch verstandenen Zusammenhänge oder die fehlenden Kenntnisse darüber.

Gefühle können aber auch dazu dienen, dich zu deinen wirklichen und wahren Wünschen zu führen, die allzu oft im Durcheinander des täglichen Lebens verschüttet werden.

Du hast zwar keine Entscheidungsgewalt über deine Gefühle, doch sie erhellen so manche dunkle Stelle in deiner Seele und geben dir die Kraft, zu entscheiden und zu handeln.

Gefühle sind ansteckend. Wenn du mit glücklichen Menschen zusammen bist, lässt du dich mitreißen und fühlst dich auch glücklich. Wirst du aber gequält und unterdrückt, ist es nicht auszuschließen, dass du später aggressiv und rücksichtslos wirst.

Eine machtvolle, ständig wandelbare und oft zerstörerische Emotion ist der Zorn. Er kommt in den unterschiedlichsten Gewändern daher wie Groll und blinde Wut, und kann sich gegen alles richten – gegen sich selbst, gegen andere Menschen, unangenehme Ereignisse, einen Stau auf der Autobahn, eine defekte Maschine, einen „abgestürzten" Computer und gegen die Welt im Allgemeinen. Der Zorn ist ständig bereit, sich einzumischen, wenn man sich streitet, sich ausgenutzt fühlt, gekränkt wird oder sich bedroht fühlt.

Er hat viele Gesichter, steht in Wechselbeziehung zu vielen anderen Emotionen und erzeugt oft starke körperliche Reaktionen wie Tränen, Zähneknirschen, Erblassen oder geballte Fäuste.

Obwohl Zorn allgemein zu den negativen Emotionen zählt und in der Regel ein tiefes Gefühl des Unbehagens hervorruft, kann er für dich durchweg anregend sein und dich motivieren, tätig zu werden und zu handeln.

Mit Sicherheit ist es für dich in unserer chaotischen Gesellschaft zuträglicher, hin und wieder richtig wütend und zornig zu sein, als in Depression, Gleichgültigkeit und Lustlosigkeit zu fallen, womit du dich unweigerlich in eine Abhängigkeit begibst und nicht mehr wirklich lebst mit frohem Herzen und wachen Sinnen.

Jeder Mensch besitzt die Fähigkeit, Energie aus seinen inneren Reserven zu schöpfen und ein höheres Leistungs- und Lebensniveau zu erreichen. Diese Reserven zu entdecken und anzuzapfen, erfordert ständiges Lernen, Disziplin, Eigenverantwortung und Selbstbewusstsein.

Der französische Physiologe *Claude Bernard* schrieb 1857:

„Die Beständigkeit des inneren Milieus ist die Voraussetzung für ein freies und unabhängiges Leben."
Dein Ziel muss es sein, für dich ein gefestigtes inneres Milieu zu schaffen, das stets mit sich und seiner Umwelt im Gleichgewicht ist, dann wirst du Harmonie erzeugen zwischen Geist, Gehirn und Psyche und so ein glückliches, zufriedenes und erfülltes Leben führen.

# Johanna Sameit

Geboren bin ich 1937 in der Nähe von Iserlohn, West falen. 1939 siedelte ich mit meinen Eltern und Ge schwistern um nach Pommern; 1948 kamen wir über Umwege zurück nach Niedersachsen und später wieder nach Iserlohn. Nach Beendigung meiner Schul- und Lehrzeit ging ich nach Süddeutschland, zunächst nach Grenzach (1959), in der Nähe von Basel und 1971 nach Ulm. Als Industriekauffrau, Bilanzbuchhalterin und Fachkauffrau für Organisation beschäftige ich mich seit über 50 Jahren mit Organisationssystemen in unterschiedlichen Branchen und Firmengrößen, vor allem mit den MENSCHEN in diesen Systemen.

Mein Autorenname ist mein Geburtsname Sameit.

Ich heiße jetzt Mahmutovic und bin zu erreichen unter johanna-sameit@t-online.de

Meine bisherigen Bücher:

## Meine Welt bin ich
Stationen eines bewegten Lebens

ISBN 978-3-8311-4713-7, HC, 68 S., € 13,80 (2003)

In meinem ersten Buch erzähle ich die Geschichte meines Lebens. Es ist beinahe eine Reise durch Deutschland, nach dem Motto: „nie vor der Zeit unglücklich sein, sondern einfach den Weg gehen, der vor uns liegt."

Ein Kind kann die Weltgeschichte nicht beeinflussen, aber sie beeinflusst das Leben des Kindes. Zunächst gut versorgt und wohlbehütet entsteht ein Chaos als Beginn eines langen Weges. Diesen Weg bin ich gegangen, mit der festen Überzeugung: Es gibt keinen Zufall, auch das scheinbar Zufälligste ist ein auf weitem Wege herangekommenes Notwendiges. So denke ich, und lebe danach.

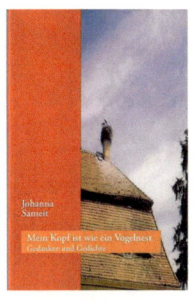

# Mein Kopf ist wie ein Vogelnest
### Gedanken und Gedichte

ISBN 978-3-8330-0588-6, HC, 64 S., € 13,80 (2003)

Was ist mein wirkliches Leben? Die tägliche Arbeit, immer fit sein? Oder meine Träume und Sehnsüchte? Nur eine Harmonie zwischen diesen beiden Polen kann Lebensenergie aufbauen und Lebensfreude erzeugen.

Meine Gedichte haben mir geholfen, mich vom täglichen Ballast zu befreien und den ewigen Kreislauf von Sonnenaufgang und Sonnenuntergang zu verstehen.

„Der größte Fantast ist der beste Realist".

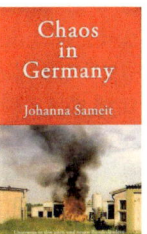

## Chaos in Germany
### Unterwegs in den alten und neuen Bundesländern

ISBN 978-3-9809780-0-2, Pb, 104 S., € 9,90 (2004)

Es ist eine ständig neue Herausforderung, etwas von der Vielfalt der gesellschaftspolitischen Abläufe zu erkennen und zu verstehen. Diesen Aufgaben müssen wir uns stellen, auch wenn es oft sehr schwer ist, den Vorgängen in den Gehirnstrukturen unserer Politiker und Wirtschaftsbosse zu folgen.

„Chaos in Germany" ist eine spannende und ereignisreiche Reise durch die Probleme unserer Gesellschaft. Das Buch bringt nicht nur Lesefreude, sondern gewährt auch Einblicke hinter die Kulissen des Tagesgeschäfts in Politik und Wirtschaft mit Streben nach Profilierung und Macht.

Johanna Sameit schildert lebensnah und unkonventionell ihre persönlichen Beobachtungen und Erfahrungen während ihrer Tätigkeit als Bilanzbuchhalterin und Fachkauffrau für Organisation. (Fast 40 Jahre Aufbauorganisation und anschließend 10 Jahre „Abbauorganisation" –

hauptsächlich in der Insolvenzverwaltung in den neuen Bundesländern in der Zeit von 1991 bis 2002.

## Selbstständig und erfolgreich

Hilfe für die kaufmännische
Verwaltung in Einzelunternehmen
und Kleinbetrieben

ISBN 978-3-9809780-3-3, PB, 148 S., € 15,30 (2007

Dieses Buch ist eine erweiterte Auflage der Erstausgabe von 2004 „Selbstständig ohne Insolvenz". Während meiner Seminare an verschiedenen Volkshochschulen musste ich feststellen, dass nicht nur Existenzgründer im Bereich der ICH-AGs hohen Bedarf an Informationen über die kaufmännische Grundverwaltung haben, sondern überwiegend auch bereits selbstständige Personen mit Kleinbetrieben oder freiberuflich tätige Personen. Mit den Ergänzungen von Tabellen und Grafiken und der übersichtlichen Beschreibung der Einnahmen-Überschussrechnung ist dieses Buch eine kompetente Hilfe für jeden Steuerpflichtigen. Mit etwas Disziplin und Eigenverantwortung können ohne viel Aufwand die eigenen Unterlagen und Geschäftsdaten so verwaltet werden, dass ohne Mühe am Jahresende der Abschluss erstellt werden kann. Ein Spezialist zu sein genügt nicht mehr. Nur mit konsequenter Selbstverwaltung behält jeder die notwendige Übersicht und kann dem harten Wettbewerb standhalten.

**Coaching für Existenzgründer und Unternehmer**

>Licht im Dschungel<

**Johanna Sameit**
**Sachbuch**

ISBN: 978-3-8423-1913-4
PB, 144 S, € 18,40 (2010)

## Buchrückseite

Jeder Mensch ist ein einmaliges, einzigartiges Wesen mit unterschiedlichen Fähigkeiten und Fertigkeiten. Wie schaffen wir es aber, mit unseren Einzigartigkeiten und unseren Fähigkeiten im Dschungel des Lebens zurechtzukommen, nicht im Gestrüpp stecken zu bleiben, sondern gelassen und zufrieden zwischen den Baumkronen zu stehen und die Welt aus einer anderen Perspektive zu betrachten?

Coaching ist eine Möglichkeit für eine fachlich und sachlich kompetente Begleitung in beruflich und persönlichen Lebensfragen.

Für Existenzgründer und Gründungen aus der Arbeitslosigkeit wird das Gründercoaching durch den Europäischen Sozialfonds gefördert. Es soll die Erfolgsaussichten und die nachhaltige Sicherung von Existenzgründungen erhöhen.

Mit diesem Buch bekommen interessierte Personen ein Grundcoaching in vielen wirtschaftlichen, organisatorischen, finanziellen und psychologischen Fragen.

Die großen
Lebensprobleme
sind nie
auf immer gelöst...
Ihr Sinn und Zweck
scheint nicht in ihrer
Lösung zu liegen,
sondern darin,
dass wir unablässig
an ihnen arbeiten.

**(G.J. Jung)**